甘肃省一流学科建设项目资助成果

教育部人文社会科学重点研究基地西北师范大学西北少数民族教育发展研究中心资助成果

全国教育科学"十二五"规划青年基金项目"西北农村地区寄宿制学校质量指标体系与监测系统研究"（项目批准号：CGA120129）的成果

西师教育论丛

主编 万明钢

公平与效率博弈中的公共教育政策

——山丹县学校布局调整与寄宿制学校问题研究

白 亮 著

Gongping YuXiaolü Boyizhong De

Gonggong Jiaoyu Zhengce

中国社会科学出版社

图书在版编目（CIP）数据

公平与效率博弈中的公共教育政策：山丹县学校布局调整与寄宿制学校问题研究/白亮著. —北京：中国社会科学出版社，2018.6

ISBN 978 - 7 - 5203 - 2635 - 3

Ⅰ.①公… Ⅱ.①白… Ⅲ.①农村学校—教育政策—研究—中国 Ⅳ.①G725

中国版本图书馆 CIP 数据核字（2018）第 118024 号

出 版 人	赵剑英
责任编辑	周晓慧
责任校对	无 介
责任印制	戴 宽

出 版	中国社会科学出版社
社 址	北京鼓楼西大街甲 158 号
邮 编	100720
网 址	http://www.csspw.cn
发 行 部	010 - 84083685
门 市 部	010 - 84029450
经 销	新华书店及其他书店

印 刷	北京明恒达印务有限公司
装 订	廊坊市广阳区广增装订厂
版 次	2018 年 6 月第 1 版
印 次	2018 年 6 月第 1 次印刷

开 本	710×1000 1/16
印 张	13.5
插 页	2
字 数	201 千字
定 价	58.00 元

凡购买中国社会科学出版社图书，如有质量问题请与本社营销中心联系调换
电话：010 - 84083683

总　序

　　正如学校的发展一样，办学历史越久，文化底蕴越厚重。同样，一门学科的发展水平，离不开对优良学术传统的坚守、继承与发展。西北师范大学教育学的发展，也正经历着这样的一条发展之路。回溯历史，西北师范大学前身为国立北平师范大学，发端于1902年建立的京师大学堂师范馆，1912年改为"国立北京高等师范学校"，1923年改为"国立北平师范大学"。1937年"七七"事变后，国立北平师范大学与同时西迁的国立北平大学、北洋工学院共同组成西北联合大学，国立北平师范大学整体改组为西北联合大学下设的教育学院，后改为师范学院。1939年西北联合大学师范学院独立设置，改称国立西北师范学院，1941年迁往兰州。从此，西北师范大学的教育学人扎根于陇原大地，躬耕默拓，薪火相传，为国家培育英才。

　　教育学科是西北师范大学教育学院的传统优势学科，具有悠久的历史和较强的实力。1960年就开始招收研究生，这为20年后的1981年获批国家第一批博士点打下了坚实的基础。当时，西北师范学院教育系的师资来自五湖四海，综合实力很强，有在全国师范教育界影响很大的著名八大教授：胡国钰、刘问岫、李秉德、南国农、萧树滋、王文新、王明昭、杨少松，他们中很多人曾留学海外，很多人迁居兰州，宁把他乡做故乡，扎根于西北这片贫瘠的黄土高原，甘于清贫、淡泊名利、默默奉献，把事业至上、自强不息、爱岗敬业的精神，熔铸在西北师范大学教育学科发展的文化传统之中，对西部教育事业的发展作出了重要贡献。"随风潜入夜，润物细无声。"先生之风，山高水长。为西北师范大学早期教育学科的卓越发展作出重大贡献的先生们，他们身体力行、典型示范，对后辈学者们潜心学术，继承学问

1

产生了重要的、潜移默化的影响，体现了西北师范大学的教育学人扎根本土、潜心学术、面向全国、放眼世界，站在学科发展前沿，培养培训优秀师资，服务地方经济社会发展的教育胸怀与本色。

西北师范大学教育学科历经历史沧桑的洗礼发展走到今天，已形成了相对稳定而有特色的研究领域。尤其是在国家统筹推进世界一流大学和一流学科建设的大背景下，西北师范大学的教育学作为甘肃省《统筹推进高水平大学和一流学科建设实施方案》规划的一流学科建设项目，迎来了学科再繁荣与大发展的历史良机。为此，作为甘肃省一流学科建设项目成果、西北师范大学课程与教学论国家重点（培育）学科建设成果、教育部人文社会科学重点研究基地西北师范大学西北少数民族教育发展研究中心科研成果，我们编撰了"西师教育论丛"，汇聚近年来教育学院教师在课程与教学论、民族教育、农村教育、高等教育以及学前教育等方面的学术成果。这些成果大多数是在中青年学者的博士学位论文，科研项目以及扎根教学实践的基础上进一步凝练的结晶。他们深入民族地区和农村地区的村落、学校，深入大学与中小学的课堂实践，通过详查细看，对语文、数学、英语、物理、化学、研究性学习等学科课程教育教学的问题研究，对教育基本理论问题的思考，对教育发展前沿问题的探索……这些成果是不断构建和完善高水平的现代教育科学理论体系，大力提高教育科学理论研究水平和教育科学实践创新能力，进一步发挥教育理论研究高地、教育人才培养重镇、教育政策咨询智库作用的一定体现，更是教育学学科继承与发展的重要过程。

筚路蓝缕，以启山林。目前付梓出版的这些著作不仅是教师自我专业成长的一个集中体现，也是西北师范大学教育学院教育学科发展与建设的新起点。当然，需要澄明的是，"西师教育论丛"仅仅是西北师范大学教育学研究者们在某一领域的阶段性成果，是研究者个人对教育问题的见解与思考，其必然存在一定的不足，还期待同行多提宝贵意见，以促进我们的学科建设和发展。

万明钢

2017 年 9 月

目　　录

第一章　导论

第一节　现实问题

问题之一：城区"巨型学校"建设与农村学校校舍的闲置、荒废。

20世纪90年代中后期，我国开始了农村税费改革，税费改革开展之后，随着农业附加税以及集资等的废除，县乡财政收入减少。各级地方政府财政压力增大，县及县以上政府希望通过农村中小学布局调整，提高资源利用效率，减轻财政压力，于是布局调整就成为农村税费改革后政府的一种自然选择。同时，由于国家计划生育政策的落实，农村学龄人口的不断减少和城镇化水平不断提高，我国农村地区，特别是中西部农村地区不少中小学生源不足，学校布局分散、规模小、质量低的矛盾日益突出。我国教育进入了一个由数量解决向质量提升的过渡时期，农村学校的教育质量更是成为关乎整个国家教育质量、教育均衡发展的大事。在这一背景下，我国农村地区开始了新一轮学校布局结构的调整。

为解决农村教育发展的总体水平偏低，城乡教育发展不均衡问题，建设一批好的农村学校，使其教育条件、师资质量都能得到大幅度改善，缩小校际差距，提高农村学校的教育教学质量，最大限度地满足农民群众对优质教育资源的需求，促进农村地区基础教育的发展。在中西部一些农村地区实施学校布局调整的过程中，出现了一批由"地方政府主导、自上而下"建设而成的规模远远超过国家拟订标准①的"巨型学校"，比如在宁夏回族自治区撤并南部山区学校之后建设的学生超过万人的六盘山中学和育才中学，甘肃会宁出现的人数逾万人的中学，湖北省一些地区出现的超过 5000 人的中学，以及中西部很多地区正在建设中的"巨型学校"。据《兰州晨报》报道，2008 年秋季入学时，在甘肃会宁县城的小学里，一年级新生一个班的人数最多达到 90 人，一个小学的学生达 5000 余人。② 目前，很多地区在学校布局调整中都把农村学校数量减少和城镇学校规模扩大作为一项教育政绩在推广，认为在合并学校基础上建立起来的城区"巨型学校"能够很好地整合教育资源，提高教育资源的配置效率，使有限的教育资源效益得到最大限度的发挥，是实现均衡发展的最"经济"的方式，可以让农村学生享受到优质、全面的教育。"巨型学校"可通过扩大学校规模，提高教育资源利用率，从而降低生均成本，提高学校的运行效率，进而实现规模效益。同时，农村学生进城读书，就能和城市学生一样享受到优质教育，这样一来，城乡之间教育的不公平、不均衡发展问题就可以迎刃而解了。

一方面是国家投入巨资在城镇地区兴建中心寄宿制学校，另一方面是撤并农村学校所产生的教育资源闲置的巨大浪费。2000 年左右，新一轮农村学校布局调整开始以来，教育行政部门将原先分散的、规模较小的中小学和教学点逐步进行撤并，把这些分散的教育资源集中到城镇新建的寄宿制中心学校，导致中西部很多地区出现了大量学校撤并后的闲置、废弃校舍，其中包括许多"希望工程"等项目学校，产生了非常严重的教育资源浪费现象，昔日农村中小学繁荣兴旺的景象不复存在，取而代之的是很多地区近几年才建成的崭新校舍的闲置、荒废现象。在我们调查所到的很多地方，有不少 2004 年、2005

---

① 我国教育部于 1982 年 4 月 16 日颁发试行的《中等师范学校及城市一般中小学校舍规划面积定额（试行）》规定，完全中学的规模为 18 个、24 个、30 个班，初级中学为 18 个、24 个班，每班学生名额近期为 50 人，远期为 45 人；小学为 18 个、23 个班，每班学生名额近期为 45 人，远期为 40 人。照此规模计算，完全中学为 900 —1500 人、初中为 900—1200 人、小学为 810—1080 人。

② 邢剑扬：《走出山区"空壳学校"的无奈选择》，《兰州晨报》2009 年 11 月 30 日。

年新建的学校被撤并，校门紧锁、学校空无一人，操场上荒草丛生，呈现出一片冷清凋敝的景象。

以笔者所在的甘肃省为例，甘肃省计划最迟到 2018 年，全省 14 个市州共撤并中小学校 7200 余所。① 甘肃省天水市在今后 5 年内，将撤并中小学校 1291 所，中小学总数将减少 54%。从我们调查的几个西部省份来说，情况大都与甘肃省相似。另据华中师范大学"中西部地区农村学校合理布局课题组"老师介绍，在湖北省钟祥市进行农村学校布局调整的过程中，共废弃了 108 所希望小学。笔者在甘肃省山丹县进行的田野调查发现，甘肃省山丹县在截至 2008 年秋季所进行的农村学校布局调整中就撤并、闲置了 35 所学校，其中有 11 所"希望工程"等项目捐资兴建的学校。从《山丹县学校布局调整规划》中可以看出，在未来一个时期将会撤并近 80 所中小学。仅一个县域就要闲置、废弃这么多所学校，那么一个省将会是多少所，全国又将会是多少，这将是一笔多么巨大的教育资源浪费。

问题之二：寄宿制学校的全面推广。

从 2000 年左右开始，我国政府牵头进行了大规模的农村中小学学校布局调整，并将农村地区寄宿制学校的建设作为工作的重点。2001 年《国务院关于基础教育改革与发展的决定》将调整农村义务教育学校布局列为一项重要工作，并指出，在有需要又有条件的地方，可举办寄宿制学校。2003 年 9 月，全国农村工作会议通过的《国务院关于进一步加强农村教育工作的决定》提出，继续推进农村中小学布局结构调整，努力改善办学条件，重点加强农村初中和边远山区、少数民族地区寄宿制学校建设，改善学校卫生设施和学生食宿条件，提高实验仪器设备和图书装备水平。2004 年，为实现西部地区"两基攻坚计划"的完成，在国务院领导下，教育部、国家发展和改革委员会、财政部三部委联合颁布了《西部地区农村寄宿制学校建设工程实施方案》，共同组织实施"农村寄宿制学校建设工程"。从 2004 年起，用四年左右的时间，中央财政投入资金 100 亿元，帮

---

① 邢剑扬：《走出山区"空壳学校"的无奈选择》，《兰州晨报》2009 年 11 月 30 日。

助西部地区新建一批以农村初中为主的寄宿制学校；同时，在合理布局、科学规划的前提下，对现有条件较差的寄宿制学校和不具备寄宿条件而有必要实行寄宿制的学校加快改扩建步伐，并重点补助未"普九"地区农村寄宿制学校的建设。

据教育部公布的统计数据，2006 年，全国中小学共有寄宿学生近 3000 万，西部地区小学、初中的寄宿学生最多。西部地区小学寄宿学生占 10%，中西部地区初中寄宿学生比例都在 40% 以上，农村地区寄宿学生的比例更高，西部农村寄宿学生比例达到 52%。其中，西藏、广西、云南三省（自治区）的比例超过 70%。《中国教育事业发展状况报告》显示：从 2004 年至今，全国共新建、改建、扩建农村寄宿制学校 2400 多所，"两基"计划完成后，中、西部 23 个省、市、自治区将新建、改扩建寄宿制学校 7727 所，增加寄宿生 204 万人。[①]

长期以来，西部农村地区教育虽然发展迅速、成效显著，但是教育发展的总体水平偏低，发展也很不平衡，失辍学率一直居高不下。国家通过实施农村学校布局调整和"农村寄宿制学校建设工程"，确确实实建设了一批好的农村学校，使其教育条件、师资质量都得到了大幅度改善，缩小了校际差距，提高了农村学校的教育教学质量，最大限度地为每一位农民子女提供充分受教育的机会，最大限度地满足了农民群众对优质教育资源的需求，最大限度地关心、支持、帮助农民子弟成才，对农村地区基础教育的发展起到了极大的促进作用。但是，当我们把目光仅仅投注在农村地区基础教育事业的发展上时，却忽视了农村学校布局调整过程中农村寄宿制学校的大范围推广，对于整个农村社会的发展和农村学生健康人格的养成会有什么样的影响。

目前，很多地区都把学校布局调整中学校数量的减少和建设农村寄宿制学校作为一项教育政绩在推广，认为在合并学校基础上建立起来的"九年一贯制"农村寄宿制学校是破解农村教育难题的灵丹妙

---

① 《教育部要求做好农村中小学布局调整工作，切实解决边远山区学生上学远问题》，《中国教育报》2006 年 6 月 13 日。

药，似乎农村寄宿制学校可以解决农村教育中存在的所有问题。的确，在农村地区建设寄宿制学校是实现全社会所吁求的教育公平的一个重要措施，但是，这一措施不是放之四海而皆灵的，还是应该视不同地方的实际情况考虑学校布局的调整，以及采用什么样的教育公平的实现策略。追求教育资源配置方面和教学过程中的平等，主张基础教育阶段平等地让每一个儿童都进入学校，同时缩小学校的质量差别。这种要求平等地对待每一个儿童，让他们接受同样教育的主张，其实是一种"形式平等论"，力图消除差异，实现整齐划一，并不是教育公平的内在要求。机械化划一的，崇尚单一性、统一性和标准化的同质性教育是不能适应个人发展的独特性和综合性的，教育公平的目的依然是实现人的全面发展，因此必须站在人的发展和国家发展的高度审视教育公平政策。"教育公平包含教育资源配置的三种合理原则，即平等原则、差异原则和补偿原则。"[1] 消除差异，实现整齐划一，仅仅实现了教育公平中的平等原则，只有不同情况不同对待，才是更有意义的教育公平。要实现有差异的公平就必须视不同地区的具体情况，实行多样化的办学形式，而不仅仅是搞一刀切，在所有地区都撤销教学点而推广寄宿制。

"人们通过接受教育，由无知的自然人或生物意义上的人，变成了拥有知识的文化人、智慧人、科学人、理性人、道德人，乃至全面发展的人。"[2] 但是，当寄宿制学校在给予学生知识时，学生却丧失了传统乡村文化之根；当寄宿制学校给予学生优质教育资源时，学生却失去了与父母在一起快乐成长的权利；当我们认为给予了学生教育公平时，却剥夺了本应属于这些农村学生的许多东西；当我们思考教育公平、教育资源整合时，是否思考过教育的本来旨归，是否考虑过给予了什么又剥夺了什么，给予表面的背后又是什么？离开了对人的关照，教育公平如何能体现出来。

不管是现在还是未来，农村寄宿制学校必将是西北农村地区学校

---

① 褚宏启、杨海燕：《教育公平的原则及其政策含义》，《教育研究》2008 年第 1 期。
② 王北生、王萍：《GNH 视阈中的当代教育功能》，《教育研究》2008 年第 3 期。

发展的主要模式，对于已有的一些经验要进一步总结。同时，国家大力发展农村地区寄宿制学校的政策，使得一些地区的寄宿制学校发展产生了困惑并遇到了一些问题，只有对这些问题进行研究，方能保证寄宿制学校这一办学模式的发展质量。

第二节　研究目的与意义

一　研究目的

本书通过对一个微观县域内学校布局调整的教育人类学考察，运用田野工作和参与式观察等方法来探寻以下几个方面的问题。

1. 农村学校布局调整这一公共教育政策出台的原因、背景和政策价值取向选择究竟是什么样的？

2. 农村学校布局调整这一公共教育政策，在实施的过程中有哪些成效？又存在着什么样的问题？这些问题的出现究竟是由什么原因造成的。

3. 在农村学校布局调整过程中，全面推广寄宿制办学模式，对于村落社区人口、社会家庭结构和整个社会历史变迁的影响。对于身处其中的学校儿童而言，除了为他们带来平等教育机会外，对于他们的家庭和他们自身还会有什么影响？本书对寄宿制办学模式进行了经验总结，对寄宿制学校发展所遇到的困惑与问题加以思考。

4. 国家主流文化、普遍知识和村落社区地方性、本土性知识之间的博弈，由于国家强制性力量的介入会有什么样的变化？学校儿童的文化认同、社会认同发生了什么样的变化？这种变化对于这些儿童所在的村落社区文化及其未来有什么影响？

二　研究意义

面对当前各地农村学校布局调整过程中所出现的问题，选取一个微观县域内学校布局调整的个案进行研究。一方面能够丰富对于学校布局调整这一教育问题在理论上的认识；另一方面，对于实事求是地做好农村中小学布局调整工作，以保障农村义务教育的健康发展，对农村教育质量提升和教育公平、教育均衡发展的实现具有重要意义。

（一）理论意义

1. 丰富对农村学校布局调整政策的理论认识和思考。实现教育公平、促进教育均衡发展、全面提高农村教育质量是近年来全社会的普遍呼声。全面提高农村基础教育质量是一项复杂的工程，实现的办法和路径也是众多的。其中，实施农村学校布局调整，被认为是一项提高农村基础教育质量、优化教育资源的配置，是推进教育均衡发展、促进教育公平的重要举措；同时是对"一村一校"的学校布局状况必须进行调整的历史必然性，近年来，我国政府牵头进行了大规模的农村中小学校布局调整。然而，当我们把注意力集中在农村基础教育的"效益""均衡"和"质量"上时，却忽略了被认为是推进教育均衡发展、促进教育公平重要举措的学校布局调整，在实施中究竟取得了什么样的成效，同时又存在着什么样的问题。面对学校布局调整过程中的两难，教育政策的制定者和执行者究竟应该怎样思考和看待这些问题？在教育公平、教育均衡发展的理想和教育资源有限性面前，如何看待农村学校布局调整这一教育政策的取向和具体实施方式，成了关乎整个国家教育的发展，实现全社会所吁求的教育公平的重要问题。对农村学校布局调整问题进行系统的研究，可以丰富人们对学校布局调整政策的理论认识和思考。

2. 为农村教育理论和学校布局理论的建设做出尝试性探索。教育理论的建立应该是一种草根形态的，但是目前所建立的农村教育理论却没有做到这一点，农村教育理论在解释农村教育的现实问题时遇到了极大的困难，一些宏观的教育政策研究背离了教育的本真面目，造成了理论和实践的隔膜。因此，在现实的农村教育场景中研究农村学校布局调整问题，而不是仅仅关注放之四海而皆准的教育理论，有益于形成一种草根形态的农村教育理论和学校布局理论。

（二）实践意义

当前，教育政策的制定者们以一种一刀切的方式正在进行的中西部农村地区学校布局调整，对于农村地区来说究竟会产生什么样的长期或潜在的影响，对此宏观的教育叙述可能没有办法做出令人信服的回答，但是人类学家提出的"小地方大社会"的逻辑，可以让个案研究为这一问题提供一种解释的方式。在一个微小社区中，如费孝通的江村、林耀华的义序村、杨懋春的台头村等，都可以看到大社会的投影和权力的运作过程。作为一个微观县域中对于农村地区学校布局调整的研究，则可以一种草根理论（grounded theory）为此提供答案，为宏观教育政策的制定者们提供参考。

近年来，在教育研究领域兴起的个案研究让教育理论界看到了它们对具体微观教育实践的重要性。那种宏观的教育理论自然有它的优点，但也不免让人怀疑其在不同地方的契合性。这种宏观的教育理论概括，有时候并不适合于一个地区和局部的事实，常常存在与教育事实的反差。对于正在全面开展的新一轮农村学校布局调整而言，本书致力于对一个微观县域中农村学校布局调整工作进行描述。在描述的过程中，可以反思关于教育的事实、概念和发展的看法，也可以发现微观县域中学校布局所发生的教育变化的真实。本书是在中西部农村地区学校布局调整全面开展的背景下，对甘肃省的一个县所作的个案研究，其目的就在于通过一个微观个案的研究来思考当前正在开展的中西部农村地区学校布局调整对于农村地区教育和学校儿童的真实影响，反思、验证宏观教育叙述的真实性，但更重要的是帮助教育政策实施部门，实事求是地做好农村中小学布局调整工作。尝试用微观个案所表达出的经验和思考指导当前的教育实践。

第三节　研究设计与方法

一　研究设计

本书以甘肃省河西地区最先开始中小学校布局调整的一个先进县为研究对象，采用人类学田野工作和参与式观察等方法进行微观的个案研究。毛泽东将这种微观的个案研究称为"解剖麻雀"。他说研究农村问题，"要拼着精力把一个地方研究透彻，然后于研究别个地方，于明了一般地方,便都很容易了"。费孝通在回答有关"在中国这样广大的国家,个别社区的微观研究能否概括中国国情"时说:"以江村来说,它是一个具有一定条件的中国农村。中国各地的农村在地理和人文各方面的条件是不同的,所以江村不能作为中国农村的典型。也就是说,不能用江村看到的社会体系等情况硬搬到其他中国农村去。但同时应当承认,它是个农村而不是牧业社区,它是中国农村而不是别国的农村。""如果我们用比较方法将中国农村的各种典型一个一个地描述出来,那么不需要将千千万万个农村一一地加以观察而接近于了解中国所有的农村了。"

人类学家提出了"小地方大社会"的逻辑,可以为个案研究提供一种解释的方式。在一个微小社区环境之中,如费孝通的江村、林耀华的义序村、杨懋春的台头村等,可以看到大社会的投影和权力的运作过程。作为一个置身于当代社会场景中的微小村落社区,从历史角度看,它的历程又是与近现代民族国家建设的构想同步进行的,通过一个村落社区变迁史的叙述,可以展示出现代国家权力对乡村社会不断渗透的过程。[①] 同理,对一个微观县域中教育和学校布局变化的研究,可以反思验证宏观教育叙述的真实性,但更重要的是对于一个农村地区学校布局调整全景式的反映,可以丰富人们关于学校布局调整问题的理论认识,为正在展开的教育实践提供一些帮助。

基于以上的考虑,本书拟采用个案研究的方法,对一个微观县域社区范围进行研究。在教育学研究中,这种个案研究有许多成功的例子,许多研究者借助于质的研究方法对个案进行了成功的研究。[②] "一个人或者是一个微型社区只是时代面前的一条小溪流,但正是这些小溪流汇成了江河大海。在时代变迁的洪流中,这些微型社区可能

---

① 赵旭东:《权利与公正——乡土社会的纠纷解决与权威多元》,天津古籍出版社 2003 年版,第 11—12 页。

② 此类论文见李书磊《村落中的"国家"——文化变迁中的乡村学校》,浙江人民出版社 1999 年版;李小敏《村落知识资源与文化空间——永宁拖支村的田野研究》,丁钢主编:《中国教育:研究与评论》(第 5 辑),教育科学出版社 2003 年版;李建东《政府、地方社区与乡村教师:靖远县及 23 县比较研究》,博士学位论文,北京大学,1996 年。

渺小且微弱，但却不失其丰富的意蕴，正所谓一沙一世界，一花一天堂。"①

二 研究方法

（一）田野工作

作为教育人类学的田野之旅，研究者希望在现实的场景中，发掘出 A 县学校布局调整的现实影响。在进入田野之前，不能说笔者对当前的学校布局调整没有作任何思考，但笔者不是为了证实某种假设而作田野工作的，而是力图保持资料和信息的开放性，保持对外界变化和观点的开发性，从学校布局调整的影响群体（村民、学生、教师）立场出发去思考问题。作为一个田野研究者需要承认具有其自身的假设和概念，但同时保持对一切现场信息和观点的开放性，并且要用归纳的方法来处理田野的资料和信息，这是田野调查的关键。本书试图通过运用人类学田野工作方法，融入真实的教育场景，从而对研究的问题获得一种现场感，同时获取学校布局调整的第一手资料。

（二）参与式观察

美国文化人类学家马文·哈里斯（Marwen Harris）受派克的启发，认为人类学家研究人类社会生活，可以通过与人交谈来了解研究对象的思想，也可以通过实地观察来探究研究对象的行为。研究者可以从两个不同的角度即事件参与者本人和旁观者的角度去观察人们的思想和行为，从而做出科学的、客观的评价。从事件参与者的角度观察人们的思想和行为的方法称为主位研究法，即融入式的参与式观察过程，就是在一定的社会环境中为了求得对文化的理解，要调动全部的感官功能对身边发生的事件进行观察，也就是以本地提供消息者的描述和分析的恰当性为最终判断。

在研究当代的教育问题时，参与式观察是一个重要的方法，它要求研究者融入其研究的社会情境之中，研究者实际上变成了所研究社

---

① 司洪昌：《嵌入村庄的学校——仁村教育的历史人类学探究》，博士学位论文，华东师范大学，2006 年。

区或群体中的一名成员，试图用当地人的眼光来理解世界，这是文化人类学的主要研究方法，但此方法已经扩散到其他社会科学领域。思想家认为，经验世界有着内在的不可确定性，体系主义者试图消除这种不确定性，其方法是跳到日常经验之外，"但理想的解释主义者也认为，一个人要对人类经验作出真正有意义的解释，就必须将自己彻底投入他要解释和理解的现象中去"。[①]　虽然这有点理想化，但参与观察是深入理解经验世界的最好方式之一。这方面经典的研究很多，如芝加哥学派怀特的《街角社会》、费孝通的《江村经济》、杨懋春的《一个中国村庄：山东台头》等，在研究方法上都可以加以借鉴。

[①]　诺曼·K. 邓金：《解释性交往行动主义：个人经历的叙事、倾听与理解》，周勇译，重庆大学出版社 2004 年版。

第二章　文献探讨

农村学校布局主要指农村学校如何进行布点。合理的布局能够使教育资源得到充分、有效的利用。学校布局不是静止不变的，一般会随着社会经济和人口的空间分布、流动而不断变化。从20世纪90年代中后期开始，随着农村学龄人口不断减少和城镇化水平的不断提高，我国农村地区，特别是中西部农村地区学校生源不足、学校布局分散、规模小质量低的矛盾日益突出。为了解决这一问题，我国开始了新一轮的农村学校布局调整。在这一背景下，我国学者开始对农村学校布局调整问题进行专题研究，并取得了许多卓有成效的探索性研究成果，在理论和实践层面为我国农村学校布局调整提供了帮助。

第一节　我国"农村学校布局调整"
研究的历程

综观我国二十多年来对农村学校布局调整的研究，不难看出，农村学校布局调整研究伴随着各地学校布局调整的实践而产生，并在"政府主导，自上而下"政策的推动之下，逐渐发展起来。与我国农村学校布局调整的历史相伴随，农村学校布局调整研究大致可分为两个阶段：

第一阶段（1986—1995年）是农村学校布局调整研究的萌芽阶段。20世纪80年代初期，尤其是1986年《中华人民共和国义务教育法》颁布后，针对历史原因所形成的学校布局不合理的事实，我国进行了第一次较大规模的农村中小学布局调整，各级地方政府以农村初、高中为重点，撤并了一批规模过小的"麻雀校"，初步整合了当时的农村教育资源。① 在我国第一次农村学校布局调整的背景下，研究者们依据我国的实际情况，对农村学校布局调整问题进行了初步的思考。但是当时农村学校布局调整问题还没有引起研究者的注意，所以这个阶段研究成果很少且研究范围狭窄，同时，这些研究成果也没有产生多大的影响。各地都根据自身的情况进行摸索，缺乏理论的支撑。

第二阶段（1996 年至今）是农村学校布局调整研究的发展阶段。20 世纪 90 年代中后期，我国开始了农村税费改革，随着农业附加税以及集资等的废除，县乡财政收入减少。各级地方政府财政压力增大，县及县以上政府希望通过农村中小学布局调整，提高资源利用效率，减轻财政压力，于是学校布局调整就成为农村税费改革后政府的一种自然选择。② 同时，由于计划生育政策的落实，农村学龄人口不断减少和城镇化水平不断提高，我国农村地区，特别是中西部农村地区不少中小学生源不足，学校布局分散、规模小、质量低的矛盾日益突出。③ 在这一背景下，我国农村地区开始了新一轮学校布局结构的调整，研究者们开始从多个角度对农村学校布局调整问题进行研究，涉及领域有经济学、教育学、心理学等，同时也开始从政治学、文化学、社会学角度进行探索性研究。研究内容得到了充实、发展，涉及农村学校布局调整的原因、影响因素、具体方式、主要成效和布局调整中所存在的问题与对策建议等方面。虽然对农村学校布局调整的研究尚处在初级阶段且还存在许多问题，但是，这些研究成果已经为我国农村学校布局调整提供了一定的理论帮助。

---

① 庞丽娟、韩小雨：《农村中小学布局调整的思考》，《教育学报》2005 年第 4 期。

② 范先佐：《农村中小学布局调整的原因、动力及方式选择》，《教育与经济》2006 年第 1 期。

③ 范先佐、曾新：《农村中小学布局调整必须慎重对待处理的若干问题》，《河北师范大学学报》（教育科学版）2006 年第 1 期。

第二节 "农村学校布局调整" 研究的主要内容

一 纵向的历史视角

中国教育的历史源远流长，但是一直以来都延续着经学和儒学教育的传统。直到清末以后，民族危机加剧，当时中国社会掀起了一个广泛深入学习西方教育的高潮，出现了一批新式学校，新式教育在一些有识之士的支持和经办下走上了历史的前台。经过近40年的酝酿和实践，1901年，在清末新政的推动之下近代新式学堂得到了发展，至此中国近现代意义上的学校方才出现。

随着1911年辛亥革命的爆发，中华民国成立后开始实行义务教育。1912年，中华民国教育部公布《学校系统令》，规定："初等小学四年，为义务教育。毕业后的入高等小学校或实业学校。"① 这就开始了现代意义上的义务教育。此后，整个民国时期，由于政治动荡、战争频发等多方面的原因，近代学校教育之途坎坷崎岖，发展较为缓慢。

在新中国成立前夕，中国人民政治协商会议通过的《共同纲领》规定："教育为工农服务，为生产建设服务。"为此，要在工农中加强文化教育，小学里要使儿童懂得劳动生产的必要，热爱劳动和劳动人民，中等教育要着重发展中等技术教育，高等教育要逐步加以改造，为新民主主义建设培养各种人才，布局要适当调整。② 由此开始了50年代的高等教育院系调整。新中国成立之后，为了改变基础教育落后的面貌，各地方根据自己的实际情况新增了一些中小学，以满足当地学龄儿童的上学需要。据统计，1949—1956年，小学数量由36.68万所增至52.9万所，在校学生数由2439.1万人增至6346.6万

---

① 《教育部公布学校系统令》，《中华民国史档案资料汇编》（第三辑"教育"），江苏古籍出版社1991年版，第59页。

② 钱俊瑞：《当前教育建设的方针》，瞿葆奎主编：《中国教育改革》，人民教育出版社1991年版，第11—39页。

人。普通中学数量由 4045 所增至 6715 所，在校学生数由 103.9 万人增至 516.47 万人。① 教育方面取得了显著的成就，教育质量有了提高，教育事业得到了很大的发展。

但是，从 1958 年开始发生了变化，1958 年 2 月，在全国一届人大五次会议上全国各族人民提出了"鼓足干劲、力争上游，为争取 1958 年国民经济新的跃进和为第二个五年计划创立一个良好开端而奋斗"的号召，整个教育战线进入"敢想敢干"的"跃进时代"。1958 年 3 月召开第四次全国教育行政会议，会议的目的是反对保守思想，促进教育事业的大跃进，② 由于"左"的指导思想的影响，教育工作违背了经济和教育发展的客观规律，不顾各地的实际情况，开始以政治运动为推动手段，盲目追求数量，举办了一大批各级各类学校。基础教育领域在"苦战三昼夜，实现小学教育普及化"的口号下，在短短的时间里，就出现了社社队队办小学的热潮。据统计，1957—1960 年，全国中小学数量获得了迅速发展（见表 2－1）。

表 2－1　　　　　1957—1960 年全国中小学发展情况统计

年份	普通中学（所）	普通中学学生数（万人）	小学（万所）	小学生人数（万人）
1957	11096	628.13	54.37	6428.3
1958	28931	852.02	77.68	8640.3
1959	20835	917.87	73.74	9117.9
1960	21805	1026.01	72.65	9379.1

从 1960 年起，"教育大跃进"开始退潮，一哄而起的学校不得不纷纷停办，许多教师被精简，大批学生辍学回家。这种虚假的办学热，被群众形容为"用雪打起的墙，遇到春天，太阳一照就全化

① 金一鸣主编：《中国特色社会主义研究》，山东教育出版社 1998 年版，第 40 页。
② 中央教育科学研究所编：《中华人民共和国教育大事记》，教育科学出版社 1983 年版，第 219 页。

了"。1961—1963 年，党中央提出"教育事业不要占用过多的劳动力和学校设置应注意合理布局，适当分散，避免过分集中，学校规模大小结合，以中小为主等项指示"①。原先一些设置不太合理的学校被撤并，学校布局开始得到一定程度的调整。这次中小学布局调整是遵循"调整、巩固、充实、提高"的指示，充分考虑到教育事业的发展速度和规模与生产力水平及经济发展的状况，把数量上的"大跃进"推向质量上的逐步提高。

十年"文化大革命"期间，极"左"路线开始肆虐，根本不顾各地的实际情况，盲目发展学校，严重违背教育规律。在全国范围内，在"队队办小学，大队办初中，社社办高中"的口号声中，农村公办小学下放到大队来办，与此同时盲目地发展中学，大批农村公办小学教师被强行下放回原籍，改拿工分。② 中小学数量迅速增加，学校布局极不合理。

20 世纪 80 年代初期，尤其是 1986 年《中华人民共和国义务教育法》颁布后，针对历史原因形成的学校布局不合理这一情况，我国进行了第一次较大规模的农村中小学布局调整，各级地方政府以农村初、高中为重点，撤并了一批规模过小的"麻雀校"，初步整合了当时的农村教育资源。③ 20 世纪 90 年代中后期，我国开始了农村税费改革，税费改革开展之后，随着农业附加税以及集资等的废除，县乡财政收入减少。各级地方政府财政压力增大，县及县以上政府希望通过农村中小学布局调整，提高资源利用效率，减轻财政压力。于是布局调整就成为农村税费改革后政府的一种自然选择。④ 同时，由于计划生育政策的落实，农村学龄人口的不断减少和城镇化水平的不断提高，我国农村地区，特别是中西部农村地区不少中小学生源不足，学

① 韩克茵等：《希望之光——关于甘南藏族教育的探索与思考》，甘肃民族出版社1991 年版，第 68 页。
② 中华人民共和国教育部编：《共和国教育 50 年》，北京师范大学出版社 1999 年版，第 263 页。
③ 庞丽娟、韩小雨：《农村中小学布局调整的思考》，《教育学报》2005 年第 4 期。
④ 范先佐：《农村中小学布局调整的原因、动力及方式选择》，《教育与经济》2006年第 1 期。

校布局分散、规模小、质量低的矛盾日益突出。[①] 中国教育进入了一个由数量解决向质量提升的过渡时期，农村学校的教育质量更是成了关乎整个国家教育质量、教育均衡发展的大事。在这一背景下，我国农村地区开始了新一轮学校布局结构的大调整。

二　横向的研究视角

（一）对农村中小学布局调整的动因、合法性论证

20世纪90年代中后期，随着我国农村地区开始新一轮学校布局调整，农村学校布局调整问题受到人们的高度关注。对于学校布局调整的动因与合法性，学者们展开了讨论。国内具有代表性的研究成果有：范先佐的《农村中小学布局调整的原因、动力及方式选择》《农村学校布局调整与教育均衡发展》，柳海民等人的《布局调整：全面提高农村基础教育质量的有效路径》，刘欣的《农村中小学布局调整与寄宿制学校建设》，郭清扬的《农村学校布局调整与教育资源整合》，孙家振的《调整学校布局优化资源配置——关于农村地区义务教育阶段学校布局调整的实践与思考》，等等。这些研究从不同侧面对于农村中小学布局调整的动因、合法性进行了论证。

1. 促进教育公平农村中小学布局调整

能促使所有学生在教育过程中处于平等发展的地位，提供机会来满足其全面发展的需要，促进每一个学生的能力和潜质都得到最佳的发挥。同时，在教育的结果上主要表现为教育成功机会和教育效果的相对均等，学校教育能够为每一个儿童实现向上的社会流动提供均等的机会。

东北师范大学柳海民教授等人指出，布局调整就是对长期处于不利地位的农村教育加以政策倾斜，是关注弱势群体、建设和谐社会的体现。布局调整政策获得了国家财政的专门拨款，体现了国家对长期处于不利地位的农村教育的政策支持，是对农村学生的特别关注和"差别对待"。布局调整也是重新配置公共教育资源的体现，使公共教育资

---

① 范先佐、曾新：《农村中小学布局调整必须慎重对待处理的若干问题》，《河北师范大学学报》（教育科学版）2006年第1期。

源能够满足农村学生的最大利益需求，使农村的学生都能享受到与城市学生大致相同的教育资源，最大限度地实现教育的过程公平，从而促进每一个学生的全面发展，切实保障每一个学生的受教育权利。

布局调整可有效提高农村教育质量，为农村儿童提供社会流动的机会和可能，体现教育结果公平。教育是社会发展的一个平衡器和稳定器，教育可以使处于弱势状态的人实现向上阶层流动，从而增进社会的平等，促进社会的稳定与发展。合理调整农村学校布局是优化农村教育资源、加强农村学校规范建设的重要举措。布局调整的核心目的就是最大限度地提高教育质量，因此有助于缩小城乡学校的质量差别，使教育对人生活机会前景的影响相同，并通过教育为实现人在社会分层状态中合理的社会流动创造条件，帮助他们通过教育实现向上的阶层流动。

2. 促进义务教育均衡发展的农村中小学布局调整

通过整合教育资源，提高教育资源的配置效率，使有限的教育资源效益得到最大限度的发挥，是实现均衡发展的最"经济"的方式，促进了义务教育的均衡发展。

华中师范大学的范先佐等人指出，我国各地经济社会发展极不平衡，城乡二元结构矛盾突出。当前，教育发展最突出的问题之一是城乡之间、地区之间，甚至同一社区范围内教育发展不均衡。这种不均衡一方面体现在各级各类教育的普及率上；另一方面，也是更重要的，是教育质量的差异。农村中小学无论是办学条件还是师资水平都无法与城市相比。通过学校布局结构的调整，合理配置好公共教育资源，适当集中办学，调整和撤销一批生源不足、办学条件差、教学质量低的学校，实现区域（县、市、区）内或更大范围内学校教育的均衡发展成为政府工作的应有之义。①

3. 让农村学生享受优质、全面的教育

优化农村中小学教育资源的配置，形成教育资源的集中效能，促

---

① 范先佐：《农村中小学布局调整的原因、动力及方式选择》，《教育与经济》2006年第 1 期。

进基础教育的持续发展，为本地新农村建设奠定坚实的文化教育基础，促进西部农村人口现代化的进程。

有论者认为，2001 年，我国开始实行"以县为主"的教育财政和管理体制，"以县为主"的体制实质上是将对义务教育的投入责任以及重要的人事管理责任由乡级政府交给县级政府。这一体制的确立给县级政府和教育部门无疑带来了相当大的压力，使相当一部分县，特别是中西部地区以农业为主的县长期存在的财政能力薄弱问题更加凸显。因此，为解决这一问题，各级政府尤其是县级政府对效益的追求就成为农村中小学布局调整的初始动力。

此外，也有论者认为，近年来学校生源逐步减少导致教育资源的闲置与浪费。长期以来，在我国经济发展水平、人口分布状况等因素的限制下，为了加快实现普及教育的目标，我国农村学校的布局基本上是采取依人口的分布状况简单建校或设点的办法。为了解决山区、偏远地区和人口稀少地区儿童的入学问题，各地还建立了大量的教学点即所谓的单、双人校。而农村学龄人口的减少，导致教育教学设施和师资力量的闲置，造成了教育资源的浪费。

布局调整可合理优化教育资源配置，落实国家的倾斜政策。现阶段，义务教育均衡发展最为有效的措施来自于国家和政府的政策倾斜，即政府改变过去人、财、物等资源配置向发达地区、重点学校倾斜的政策，使薄弱地区、薄弱学校能够从政府获得比发达地区、重点学校更多的资源以及优惠政策，把忽视农村教育发展的政策转为优先向农村地区、弱势群体倾斜的政策。布局调整是在对农村各个区域和各个学校的教育状况进行周详论证的基础上对教育资源进行合理的规划和整合，以确定资源投入的流向和规模，是国家和政府在建设和谐社会背景下对农村教育发展的"特别关注"。通过布局调整，可以使农村学校在校园建设、师资力量、教育教学设施等方面获得改善和优化，从而为提高农村教育质量、缩小城乡教育差距奠定良好的基础。①

---

① 柳海民等：《布局调整：全面提高农村基础教育质量的有效路径》，《东北师范大学学报》（哲学社会科学版）2008 年第 1 期。

4. 确保义务教育阶段的完成和"两基"攻坚任务的完成，提高农村教育质量

对于居住分散的农村地区来说，一些地区"两基"攻坚任务依然艰巨，实行寄宿制可以保证农村地区义务教育阶段的完成率。通过整合教育资源，为全体儿童提供优质教育，通过开办农村寄宿制学校来改善农村的办学条件，是提高农村教育质量的有效途径。

提高国民素质的目标不仅要通过普及九年义务教育的人口数量来实现，还要通过全面提高教育质量来实现。享受优质教育已经成为家庭、社会和国家对教育的新需求。全面提高质量的重点和难点不在城市而在农村，不在重点校而在薄弱校。布局调整政策的实施成为全面提高农村教育质量的新契机。布局调整可通过规模效益来提高教育质量。学校布局结构调整就是进行新一轮的资源优化配置，通过扩大学校规模、提高教育资源利用率，从而降低生均成本，提高学校的运行效率，进而实现规模效益。对于居住分散的农村地区来说，通过扩大办学规模为全体儿童提供优质的教育资源，是提高农村教育质量的有效途径。通过开展农村地区布局结构调整，借此改善农村的办学条件，将教育资源的增量部分用于相对集中的学校，从中长期看，必然会使教育资源发挥较为长远的效益，从而为教育质量的提高奠定良好的物质基础。

5. 有利于解放家长，让家长把更多的精力投入生产活动

当前，西部农村外出民工留守子女教育问题日益突出，实行寄宿制之后，许多家庭的孩子就被集中到了学校，由老师进行统一管理，这样就解决了农村留守儿童的教育问题，把家长解放出来，可以外出务工或者有更多的时间投入其他生产劳动中。

从90年代开始，中国社会因为区域经济发展的不平衡，产生了东部经济发达，而西部经济落后的状况。这种区域间的比较经济利益优势促使了大规模的人口流动。数以百万计的中西部地区的农民离开了自己世代生活的土地，走进了陌生的城市开始打工的生活。这些中西部地区的农民在外出进城务工时，把自己的孩子留在了家乡，让他们继续在当地的农村学校上学读书，从而形成了一群享受不到父母关爱，感受不到家庭温暖的特殊学生群体——"留守儿童"。这些留守儿童在家乡与自己的爷爷、奶奶生活在一起，缺乏与父母的交流与沟通，对他们的成长造成了不利的影响，给中西部地区基础教育带来了新的问题。

有论者认为，通过学校布局调整建立寄宿制学校，可以解决农村"留守儿童"问题。农村青壮年劳动力的劳务输出使家庭中儿童的生活方式、教育方式都发生了变化，"留守儿童"现象和问题的出现对农村教育提出了新的需求，原本由家庭分担的照顾、教育子女的职能正在向学校转移。在很多场合，农村小学寄宿制被当作解决留守儿童问题的一剂良方。① 严鸿和、朱霞桃研究发现，农村山区中学的寄宿制和学校的良好管理制度对"留守儿童"的健康成长有促进作用。② 刘欣基于对湖北农村寄宿制学校的调查指出，由于长年失去父母的监护，"留守儿童"的学习、安全和心理品德发展都存在一定的隐患。学校无疑是对学生最有资格也最安全的监护场所，这样寄宿制学校就成了受打工家庭欢迎的好形式。③

（二）对农村中小学校布局调整策略的研究

1. 对影响学校布局调整因素的分析

昌泽斌指出，学校布局应当与地区人口密度、学生上学的距离、学校规模结合起来考虑。此外还要考虑学校发展的优胜劣汰原则。④ 根据人口密度，2000 人左右的村布一所小学，1.5 万—2.5 万人的地区布一所初中，20 万人左右的区域布一所高中。对于在经济发展过程中形成的新的人口聚集的乡镇所在地，按人口规划布局增布学校。

---

① 此类论文见吕绍清《中国农村留守儿童问题研究》，《中国妇运》2006 年第 6 期；温铁军《分三个层次解决农村留守儿童问题》，《河南教育》2006 年第 5 期；吴霓《对解决农村留守儿童教育问题的建议》，《河南教育》2006 年第 5 期；叶敬忠、潘璐《农村小学寄宿制问题及有关政策分析》，《中国教育学刊》2008 年第 2 期，等等。

② 严鸿和、朱霞桃：《寄宿制学校对农村"留守儿童"教育影响的调查》，《现代中小学教育》2006 年第 1 期。

③ 刘欣：《农村中小学布局调整与寄宿制学校建设》，《教育与经济》2006 年第 1 期。

④ 昌泽斌：《超前性、合理性、效益性和有序性——关于农村中小学布局调整的实践与思考》，《教育科学》1995 年第 1 期。

根据学生上学的距离，把距校 2000 米左右视为就近入学。实际情况表明 6—7 岁的儿童步行 2000 米左右，不仅不会形成过重负担，而且有利于其身心发展。还要根据学校规模的需要布置校点，因为从教育内部规律和培养目标要求考虑，没有一定数量的学生、教师群体，很难形成集体的约束力和教育力，也不易形成可比性与竞争性。根据优胜劣汰原则，对于少数长期管理水平低、教学质量低、办学效益低的差校，采取兼并、挂钩、改办为教学点的办法进行调整，保留那些管理水平高、教学质量高、社会声誉高的学校，而且应逐步扩大这类学校的规模和比例。

余海波在对西南民族地区基础教育办学途径进行调查研究之后，指出中小学布局受地区人口、地理环境、经济条件、文化环境以及学校管理等多方面因素的影响。地理环境不仅包括诸如地形、地貌等自然因素，还包括与地形、地貌相关的诸如能源、交通、自然环境以及行政区划等因素，这些因素都会影响中小学的布点。经济因素也是影响学校发展的重要因素，经济发展水平通常与地理因素相关，比如，西南民族地区主要以山地为主，少数民族多分布在山区或半山区，这些地区水土流失严重，水土流失面积在 50% 到 90% 之间，少数民族居住高度分散，造成了该地区人民贫困，且建校成本高。地理因素与经济因素严重制约了西南民族地区的基础教育发展，文化环境因素的影响主要体现在多民族聚居区，其民族人口分布和语言文字使用复杂，增大了民族地区义务教育的实施难度。与学校布局相关的学校管理因素主要指办学模式，办学模式是否符合当地学生实际和特点，是决定学校有没有吸引力的关键。[①]

除以上因素之外，孙金鑫还发现，学校层次、学校类型、学校办学质量的差异、社区布局等因素也与学校布局有关。要考虑不同层次学校的配置，如小学、初中、高中的配置比例；要统筹安排不同类型学校，比如普通学校与职业学校，公办校与民办校的整体布局等；要

---

① 余海波：《合理调整布局，提高办学效益——西南民族地区基础教育办学的一条有效途径》，《学术探索》2001 年第 5 期。

均衡优质校与普通校的布局；要适当考虑社区布局因素的影响，如校区与住宅区、商业区的布局等。总之，在做学校布局规划时，要在均衡和优质的基础上，充分考虑到学校与社会多种需求之间的关系。①

华中科技大学石人炳主要探讨了人口变动的因素会导致学校布局的变动。他指出，生育率的变动、人口年龄结构变动、人口城乡结构变动都会造成学校布局的调整。生育率的变动，尤其是生育率下降会直接导致初等教育对象的规模缩小。生育率的持续变化必然会引起人口年龄结构的变化，进而会导致不同教育阶段人口规模的变动。虽然生育水平的降低、年出生人数的减少，有利于教育的发展，这是因为这样一来，可以将更多的资金用于教育，而不是用于抚养大量增多的新生人口，更可以使教育从以往应付学生数量的增加向提高教育质量的转变。但是，人口发展的趋势要求教育规划与布局及时做出调整，否则将会导致教师及教学设施利用不充分，导致教育资源的浪费。人口城乡分布的变动则直接对教育网点分布提出挑战：以人口迁出为主的农村地区，尤其是迁出率高的地区，会导致本来就生源不足的学校更加"雪上加霜"；而以人口迁入为主的城镇地区，人口迁移增长在一定程度上补偿了因生育率下降而带来的生源减少，但一些地区人口迁移增长过快甚至会给当地教育带来新的压力。②

吴宏超基于对河南省的调查分析提出，中小学布局调整是一项系统工程，涉及教育领导部门、教师、家长三方不同的诉求与利益，也受到地形地貌、教育资源多寡的影响，因此，很难建立一个统一的布局调整标准和评价体系。学校布局不仅是学校选址问题，还包括一定的教育价值理念问题。从布局调整的政策所包含的主要指标、调整方式和实际效果三个层次来看，我们认为，合理的学校布局调整评价标准应当包含上学距离、学校规模、调整方式、资源均衡和社会支持五个维度。③

---

① 孙金鑫：《学校合并规模与质量的博弈》，《中小学管理》2005 年第 2 期。
② 石人炳：《我国人口变动对教育发展的影响与对策》，《人口研究》2003 年第 1 期。
③ 吴宏超、赵丹：《农村学校合理布局标准探析——基于河南省的调查分析》，《教育发展研究》2008 年第 17 期。

国外学者研究认为，学校布局及调整的标准通常有两个：一是学生上学的距离；二是学校覆盖的服务人群数量。有学者把儿童入学距离用三种方法进行衡量：一是物理距离（physical distance），即实际的空间距离，用公里来衡量；二是文化距离（cultural distance），即儿童不得不离开自己的社区到另一个把他们当作外人并对他们不友好的社区上学从而导致其辍学的距离；三是时间距离（time distance），考虑诸如山地、河流、森林等自然条件的阻碍而延长上学途中的时间。[①]

2. 对学校布局调整具体方式的探讨

范先佐教授认为，农村中小学布局调整不是一种自发的行为，而是由社会力量塑造的，也是一种社会结构问题的反映。农村中小学布局的调整在一定意义上是利益格局的调整，在调整过程中政府始终居于主导地位，并且不少地区是以运动形式进行的，这就使得布局调整的方式选择呈现出教育行政与政治的特点。依据调整过程中政府行政方式选择的类型来看，大致可以划分为示范方式、强制方式和示范与强制相结合的方式。示范方式就是政府以成功的经验来推动整个区域内农村中小学布局的调整。具体的做法是政府制定较长时期的学校布局规划，有意识地加强规划内定点学校的建设，使这些学校具有吸引力，逐渐吸引周边学生到这些定点学校上学。所谓强制的方式，是指政府利用手中所掌握的资源，用行政方法对农村中小学布局调整进行直接的控制和干预，以达到政府的意愿目标。示范与强制相结合的方式，即政府给予那些布局调整的学校以相应的好处，而对那些不愿进行布局调整的学校和村民则采取威胁和强制的方法。运用这种方式，其具体做法是政府首先将若干规模较小的初中合并或并入其他规模较大的初中，这些被并掉的初中校舍则整体移交给中心小学和那些交通便利、位于人口稠密地区的村校，使得这些学校吸纳村小的能力增强，村小撤并后校舍则留给幼儿园。[②]

---

① 石人炳：《国外关于学校布局调整的研究及启示》，《外国教育研究》2004 年第12 期。

② 范先佐：《农村中小学布局调整的原因、动力及方式选择》，《教育与经济》2006年第1 期。

　　孙家振提出了农村义务教育学校布局调整的三种基本模式：适度集中、初中从完全中学里脱出和九年一贯制。适度集中是指将历史上遗留下来的联中全部撤销，把初级中学集中到乡镇驻地，4 万人口以下的乡镇办一所初中，4 万人口以上的乡镇办两所。将散落于密集村庄、办学条件差、招生困难、撤销后对儿童方便入学不产生影响的小学予以撤销，对散布于密集村庄、资源投入大而产出效益小的学校，尽管能勉强招生，但教育质量和办学效益较差，也应在方便就读的条件下，予以适当集中。还可以实行几个村联合办学、交叉招生，或者低年级交叉招生，高年级集中办学。初中从完全中学里脱出是指初高中分离办学。完全中学由于初、高中培养目标和层次的不同，在表面的统一管理下实际存在着两套管理队伍和程式。在经济比较发达、人口相对集中、地处平原地区的乡镇举办九年一贯制的学校，这种模式可明显提高资源的优化配置和资源利用率，也与建设小城镇的农村社会发展趋势相适应。①

　　华中师范大学中西部地区农村中小学合理布局结构研究课题组在对中西部地区进行调查与分析之后，提出布局调整在实践中的具体实施方式可以分为完全合并式、兼并式、交叉式和集中分散式四种主要模式。②（1）完全合并式是指在学龄人口普遍减少，班额不足的情况下将两所或多所学校合并为一所学校，学生按年级整体上加以合并和重新编班，校产和师资集中在一起。这种方式具体又可以分为两种样式：一种是分离式，将一所或几所学校分离到另一所或几所学校中；另一种是联合式，就是几所学校同时撤并，然后再根据情况进行重新建设或设置新的校点。（2）集中分散式是在中心学校的统一管理下设置一个或几个教学点的形式。其具体做法是在人口相对集中、办学条件比较好的村镇设立一所完全小学作为中心学校，就近辐射多个

---

　　① 孙家振：《调整学校布局优化资源配置——关于农村义务教育阶段学校布局调整的实践与思考》，《山东教育科研》1997 年第 1 期。

　　② 中西部地区农村中小学合理布局结构研究课题组：《我国农村中小学布局调整的背景、目的和成效——基于中西部地区 6 省区 38 个县市 177 个乡镇的调查与分析》，《华中师范大学学报》（人文社会科学版）2008 年第 4 期。

村，根据具体情况在原村小学设立教学点，教学点由中心学校统一管理。高年级学生可到中心学校上学，低年级学生仍在原村小上学。学生较少的教学点则进行复式教学。对于教学点师资无法承担的课程，如美术、音乐等，由中心校统一协调，安排教师巡回授课。（3）兼并式就是由一所社会声誉和教学质量都比较高的学校去兼并另外一所或几所相对薄弱的学校，将校产、师资集中，学校规模扩大，实现以强扶弱、共同发展的目的。（4）交叉式是指几个年级在甲村，另外几个年级在乙村，彼此独立运行的学校布局调整模式。其具体做法是，每所学校各自为政、校产不动，几个年级集中于甲地，另外几个年级集中于乙地，或者几所学校同时保留几个年级，另外几个年级的学生则全部集中在另一所学校，由一名校长总负责，教师统一调配。

关于农村中小学布局调整这一问题，有很多论者认为，农村地区寄宿制办学模式是实现农村地区学校布局调整的重要举措之一。农村中小学寄宿办学可以整合优质教育资源，优化教育结构，解决"留守学生"的教育管理问题，提高学生综合素质。[①] 同时，由我国政府牵头进行的大规模的农村中小学校布局调整，也将农村地区寄宿制学校的建设作为工作的重点。2001 年《国务院关于基础教育改革与发展的决定》将调整农村义务教育学校布局列为一项重要工作，并指出，在有需要又有条件的地方，可举办寄宿制学校。2003 年 9 月，全国农村工作会议通过了《国务院关于进一步加强农村教育工作的决定》，提出继续推进中小学布局结构调整，努力改善办学条件，重点加强农村初中和边远山区、少数民族地区寄宿制学校建设，改善学校卫生设施和学生食宿条件，提高实验仪器设备和图书装备水平。因

---

① 此类论文见柳海民等《布局调整：全面提高农村基础教育质量的有效路径》，《东北师范大学学报》（哲学社会科学版）2008 年第 1 期；叶敬忠、潘璐《农村小学寄宿制问题及有关政策分析》，《中国教育学刊》2008 年第 2 期；中央教科所课题组《贫困地区农村寄宿制学校学生课余生活管理研究——基于广西壮族自治区都安县、河北省丰宁县的调研》，《教育研究》2008 年第 4 期；罗华孔《推进农村小学寄宿办学，促进义务教育均衡发展》，《基础教育研究》2008 年第 4 期；谷生华等《西部农村基础教育重组应一步到位——关于西部农村基础教育寄宿制学校建设的调查与思考》，《教育发展研究》2006 年第 3 期，等等。

此，农村地区寄宿制办学模式不论从理论上还是在实践中都被认为是学校布局调整中的一种重要方式。

（三）对学校布局调整主要成效的认识

研究者们普遍认为，农村中小学布局调整取得了明显的效果。

1. 促进了教育资源的合理配置，提高了教育资源的利用效率

在农村中小学进行布局调整之后，一些规模小的学校和教学点被撤并，各地将有限的教育资源集中使用，从而优化了教育资源配置，避免了分散办学时普遍存在的教育资源利用效率低下的问题。各地农村中小学的学校规模明显扩大，每所学校可支配的教育资源大大增加，形成了规模效益。

2. 教师素质得以提升，促进了农村中小学教育质量的提高

各地在农村学校布局调整中，通过调整和优化教师配置，补充了一批合格教师，妥善安置了一批代课人员和不合格教师，总体上提高了农村中小学教师队伍的整体素质。师资队伍的进一步优化，促使农村学校的教育质量不断提高。[1]

（四）对调整中存在问题的反思与对策、建议

1. 学校布局调整中存在的问题

2002 年东北师范大学农村教育研究所对 6 省 14 县 17 所农村初中历时两年的调查表明，初中学生的平均辍学率超过 40%，研究者认为，随着调整农村学校布局工作的推进，农民对教育付出的成本加大，如住宿费和交通费的增加等，在一定程度上加剧了辍学率的上升。[2] 庞丽娟指出，当前部分地区不合理的布局调整不仅严重影响了当地义务教育的普及，给农村学生带来了新的求学困难，而且制约着农村义务教育的持续、健康发展，甚至对当地社会稳定造成了一定威胁。目前出现的问题主要有：（1）农村中小学生上学路程遥远，且

---

① 此类论文见范先佐《农村学校布局调整与教育均衡发展》，《教育发展研究》2008 年第 7 期；何卓《对我国农村中小学布局调整的思考》，《教育发展研究》2008 年第 1 期；郭清扬《农村学校布局调整与教育资源合理配置》，《教育发展研究》2008 年第 7 期，等等。

② 彭冰：《一份对 6 省 14 县 17 所农村初中的调查显示：农村初二学生辍学率超过 40%》，《中国青年报》2004 年 6 月 14 日。

存在严重的安全隐患；（2）子女教育费用骤增，农民家庭无力支撑，难以为继；（3）农村寄宿学校安全、卫生、管理等方面凸显出许多困难，严重影响学生的身心健康；（4）中心学校、班额陡增，教师工作繁重，教育质量难以得到有效保证；（5）一些地区农民群众的切身利益与感情受到伤害，产生社会稳定隐患。[①]

2. 对学校布局调整中存在问题的对策、建议

庞丽娟从宏观政策的层面指出，第一，应正确认识、科学理解中央关于农村中小学布局调整政策；第二，应深入调研当地社会、经济、教育等实际情况，科学统筹规划农村中小学布局调整；第三，因地、因时制宜，逐步过渡、积极稳妥地推进中小学布局调整工作；第四，要积极推进中心寄宿学校各种后勤配套设施与管理制度的健全与落实；第五，加大力度切实解决布局调整后凸显的交通安全问题。[②]范先佐则从偏远地区农村教育均衡发展的角度提出了自己的建议，正确认识农村教学点的作用，慎重对待教学点的撤留问题；理顺关系，对保留下来的教学点给予适当支持；加强师资队伍建设，提高教学点的教育质量。[③]

吴宏超针对农村中小学布局调整所面临的一系列困难与障碍认为，应长期坚持多渠道筹集教育资金的投资体制；发展农村中小学校办产业，寄宿制学校应有所作为；探寻提高"教学点"教育质量的有效途径。[④] 在确定布局调整标准的过程中应当注意以下几个方面：学校布局调整的终极目标是促进义务教育均衡发展；提高农村寄宿制学校规范化建设；保障弱势群体的教育需求。[⑤]

郭清扬指出，要解决农村中小学布局调整过程中所出现的问题，确保农村中小学布局调整顺利进行以及农村教育的健康发展。第一，

[①] 庞丽娟、韩小雨：《农村中小学布局调整的思考》，《教育学报》2005 年第 4 期。

[②] 同上。

[③] 范先佐：《农村学校布局调整与教育均衡发展》，《教育发展研究》2008 年第 7 期。

[④] 吴宏超：《农村中小学布局调整的困境与出路》，《华中师范大学学报》（人文社会科学版）2007 年第 2 期。

[⑤] 吴宏超、赵丹：《农村学校合理布局标准探析——基于河南省的调查分析》，《教育发展研究》2008 年第 17 期。

准确预测学龄人口的变动趋势，科学制定农村中小学布局调整规划；第二，采取切实措施，保证边远贫困地区的孩子在布局调整后能够公平地享受优质教育；第三，加强农村中小学师资队伍建设，巩固布局调整成果；第四，加大对农村贫困地区学生资助的力度，减轻部分贫困家庭的经济负担；第五，切实加强农村寄宿制学校建设，千方百计解决布局调整后学生上学难的问题。[①]

第三节　简要评价

就国内研究成果而言，农村地区学校布局调整研究尚处在初级阶段或不成熟阶段。由于研究者局限于特定的研究视角，忽视了研究视角的多元化，所以造成在研究方式和内容等方面的一定局限。比如，缺乏对于农村地区学校布局调整过程中学生和教师的研究。

一　重视宏观研究，忽视微观研究

研究主要集中在宏观政策层面，缺乏对于所谓"沉默的大多数"群体的关注，这些人生活在现实的世界中，却从来没有进入任何文本，没有成为被关注的对象。而正是这些"沉默的大多数"成为我们这个社会的主体。但是，已有的研究却主要集中在宏观的政策研究上，缺乏对现实世界中人的关注。

宏观教育叙述的真实性，常常是不为人们所反思的。20世纪初，现象学的诞生引起了研究范式的转换，但更重要的是提供了一个研究问题的全新方法，从微观出发，将发生在某个空间里的各种"真相"汇聚起来，构成等待我们去考察的教育事件，通过对这些人物、思想、声音等的考察，可以挖掘出隐藏在生活之中的真实。然而，长期以来，对中西部农村地区学校布局调整的研究，却忽视了从微观出发来研究这一问题，造成了研究结论与农村教育现实的远离。

---

① 郭清扬：《我国农村中小学布局调整问题、原因及对策》，《华中师范大学学报》（人文社会科学版）2008年第1期。

二　重视经济学、教育学研究，忽视多学科研究

研究者们普遍认为，农村中小学布局调整取得了明显的效果，促进了教育资源的合理配置，提高了教育资源的利用效率。在农村中小学布局调整之后，一些规模小的学校和教学点被撤并，各地将有限的教育资源集中使用，从而优化了教育资源配置，避免了分散办学时普遍存在的教育资源利用效率低下的问题。各地农村中小学的学校规模明显扩大，每所学校可支配的教育资源大大增加，形成了规模效益。这些研究都是从经济学视角出发的，关注的主要是效率、经济、质量等问题，没有从多学科的视角对农村中小学布局调整进行全面的研究。

从研究的学科来看，因为不同学科都遵循着自身的方法、视角、内容和兴趣点，研究学科的单一化必然导致研究成果的单一化。这些从经济学和教育学视角出发的研究只关注在自己学科领域内所具有的科学性和价值，缺少从多学科视野进行的研究，使得现有的研究结论生硬且表面化。对于中西部农村地区学校布局调整的研究不仅需要学者的关注和研究，而且更需要多学科视角下的联合研究。

三　研究方法单一，研究结论尚不明晰

相关文献表明，研究基本都集中在理论层面，研究文章基本都是一些思辨性的成果，仅有的一些实证研究也主要采用问卷调查形式，缺乏一种田野的现实感，对农村中小学布局调整背后的问题缺乏研究，很多问题都是就教育谈教育，没有触及问题的其他方面。同时，由于研究方法的局限，很多研究无法对研究对象作整体性、近距离的观察和了解。目前，针对中西部农村地区学校布局调整的文献研究往往习惯于包罗其他研究中的鲜明观点，而缺乏对于农村地区学校布局调整全景式的反映，没能触及中西部农村地区学校布局调整所带来的深层次问题。

第三章　分析框架

第一节　宏观层面分析：公共
教育政策的取向

被称为"现代政策科学创始人"的美国政策学者哈罗德·拉斯韦尔（Harold Lasswell）观察到战后各门科学的发展、专门化和崇尚科学实证与应用相结合的趋势，提出了专门以政策为研究对象的社会科学——政策科学。与之前政策研究者专为政府服务的取向不同，政策科学是专门研究决策理论的学科，主张采用完全客观的科学实证研究方法，对一切可能发生的结果做出精确的预测，从而促成理性的政策决定。拉斯韦尔提出，政策研究一方面应该秉持人本理念，另一方面主张采用科学的实证研究方法，这种以科学的实证研究方法来服务于人本目的的积极构想最终并未得到实现。而政策科学在此之后分裂出两种不同的取向：一种是以研究工具、研究方法为中心的取向，强调以量化方法，如统计调查、微模型计算、实验研究等结果作为决策的基础；另一种则继承了拉斯韦尔的人本理念，将政策科学看作一门具有道德关怀、价值取向、反准规则的"人文科学"或"道德科学"[1]。这两种取向的不同就在于如何看待和处理价值的问题上，前者比较注重描述性，研究实然社会中政策的形成、科学与否及其影响等；后者则非单纯描述，而是着眼于追寻道德上的意义、寻求正确的行动，也

---

[1]　福斯特认为，教育管理学与其说是一门具有实证化、数量化、客观性和普适性的"科学"，还不如说是一门具有道德关怀、价值取向、反准规则的"人文科学"或"道德科学"。

就是从应然的世界去理解、研究政策，因而涉及价值的问题。

以拉斯韦尔为鼻祖的西方政策科学，因为在价值问题上的分歧而分化成两派，虽然后来有论者从哲学角度指出，无论出于理论性或实际性理由，都应尽量避免从事实和价值层面将政策研究作简单的二分；应避免事实与价值走向两极化，建议以一套逻辑的问题，来检讨所进行的政策研究是否合乎事实，以期在事实与价值之间找到平衡点。尽管有学科统整的论调提出，但是在政策研究的圈子内，意见分歧仍持续不断。[①] 这两派的发展渐渐形成了西方公共政策科学的两种不同取向：一种是以科学量化的研究工具、研究方法为基础，探寻公共政策是否科学合理的理性决策取向；另一种则是运用多种不同的研究方法，来追问公共政策的道德与价值的决策取向。我国的教育政策研究基本上是在引进西方公共政策科学的基础上发展起来的，因而我国学者通常习惯于用西方公共政策科学的理论与方法作为我国教育政策研究的理论背景和思维框架，在承袭了西方公共政策科学的理性与价值取向之后，我国教育政策研究领域也出现了两种截然不同的取向，即教育政策的理性取向和教育政策的价值取向。

一　公共教育政策的理性取向分析

教育政策的理性取向希望从完全客观的立场出发寻求确定的、标准的、普适性的决策，以期能够科学合理地解决存在于教育领域的问题。当前在我国中西部大范围展开的农村学校布局调整政策，其原因在于，一直以来中国作为一个发展中国家，作为一个处在社会主义初级阶段的国家和社会，缺乏足够的资源来完全满足人民群众对优质教育资源的需要，农村教育一直不为全社会所满意。20 世纪 90 年代中后期，我国开始了农村税费改革，税费改革开展之后，随着农业附加税以及集资等的废除，县乡财政收入减少。各级地方政府财政压力增大，县及县以上政府希望通过农村中小学布局调整，来提高资源利用效率，减轻财政压力。同时，由于计划生育政策的落实，农村学龄人

---

① 余惠冰：《香港教师公会的政策议论》，博士学位论文，香港中文大学，2000 年。

口不断减少和城镇化水平不断提高，我国农村地区，特别是中西部农村地区不少中小学生源不足，学校布局分散、规模小、质量低的矛盾日益突出。为解决农村教育总体发展水平偏低，城乡教育发展不均衡问题，就要建设一批好的农村学校，使其教育条件、师资质量都能得到大幅度改善，缩小校际差距，提高农村学校的教育教学质量，最大限度地满足农民群众对优质教育资源的需求，促进农村地区基础教育的发展。但是对于教育决策部门来说，面对优质教育资源有限的现实和教育发展的需要，通过学校布局调整政策来实现规模效益、提高教育效率就成了政府自然的选择。

农村中小学校布局调整政策的实施重点考虑的是学校的规模、服务范围、服务人口等客观可量化的操作因素，但是对村落社区的文化与发展、老百姓的心理感情、经济承受能力、自然条件、学生身心的健康成长等关乎教育公平价值的因素却很少考虑。很多地方将学校布局调整政策简单地理解为效率的提高和"撤并"或"减少"农村中小学数量，将农村中小学布局调整等同于在一定年限内（甚至短期内）撤并一大批农村学校，并且许多地方政府都是根据这样的理解制定相应的学校布局调整规划的，一味地追求撤并的数量和速度以求超额完成任务，完全将教育看成是教育资源消耗与教育直接产出的简单活动，从教育经济学和教育管理学角度制定农村教育中存在问题的解决方案。

这一政策的基本内涵就是撤点并校，将原先分散的学校集中起来，从而能够很好地整合教育资源，提高教育资源的配置效率，使有限的教育资源效益得到最大限度的发挥，实现城乡教育的均衡发展，让农村学生享受到优质、全面的教育。通过扩大学校规模、提高教育资源利用率，从而降低生均成本，提高学校的运行效率，进而实现规模效益。同时，农村学生进城读书，就能和城市学生一样享受到优质教育，这样一来，城乡之间教育的不公平、不均衡发展问题就可以迎刃而解了。农村学校布局调整政策，主要是从教育经济学的视角出发考虑问题的，政策目标在于如何提高教育效率；政策实施过程中主要考量地区人口变动趋势、社区人口密度、学生上学的距离、学校规模大小等因素；对于政策的评估则主要看合并的数量和合并后学校的规模。可见，农村学校布局调整政策更多的是在一种理所当然、不证自明的前提下，运用一系列客观可量化指标制定和实施的一种具有理性取向的教育政策。

二 公共教育政策的价值取向分析

与教育政策的理性取向不同，教育政策的价值取向并不是将目光投注在客观可量化的指标上，而是更加注重对教育政策背后所隐藏的道德关怀和价值取向的思考，来追问教育政策道德上的意义，寻求正确的行动，进而追寻教育政策对社会公平所带来的后果。教育政策的价值取向研究所要探讨的典型问题是：为什么选择这项政策？谁拥护？谁反对？为什么？这项政策使谁受益？会给谁带来损失？社会上各种利益冲突是如何协调的？为什么此时此地选择该项政策？该政策将对社会公平带来什么后果？等等。西方政策科学之父拉斯韦尔曾经一再强调政策科学与其他应用科学的区别，主要在于政策科学关乎社会上人的基本问题，从解难的观点出发，其目的是处理人类社会发生的事情。[①] 泰勒等人也认为，政策制定应当承担社会的责任，为创造一个更加公平正义的社会而努力，应当不断检视政策的价值体系是否与理性的生活模式相一致，及做理想的社会抉择。[②] 综合政策科学发展历史上的众多观点我们可以看出，政策科学的价值诉求是显而易见的。

2001 年，我国农村义务教育开始实行"在国务院的领导下，由地方政府负责，分级管理，以县为主"的教育管理体制，实现了农村义务教育投入的"以乡为主"到"以县为主"的重要转变。这一制度调整的积极意义非常突出。与乡、村相比，县级政府一般具有更强的财政能力，可以使农村义务教育发展具有比较坚实的经济基础，在一定程度上能够平衡义务教育的发展。但这一体制的确立给县级政府

---

① 转引自伍启元《公共政策》，香港商务印书馆 1989 年版，第 23—27 页。

② 查尔斯·泰勒：《公民与国家之间的距离》，汪晖、陈燕谷主编：《文化与公共性》，生活·读书·新知三联书店 1999 年版，第 290—337 页。

和教育部门带来了相当大的压力，使相当一部分县，特别是中西部地区以农业为主的县长期存在的财政能力薄弱的问题更加突出。① 地方政府希望通过农村学校布局调整，集中办学，提高资源利用效率来减轻财政压力。教育作为一项公共事业，本身不应该以突出经济效益为目的，当前，我国中西部地区所进行的大规模学校布局调整，就是在实行"以县为主"的财政和管理体制之后地方政府为减轻财政压力所采取的无奈之举，将经济效益作为其主要目的也就不言而喻了。

撤点并校、学校向城区集中，带来的直接后果是在城区出现了很多巨型学校和巨型班级，尤其是县城，学生人数达五六千人、近万人的中学已不在少数。如此巨大规模的学校，给管理、学校文化营造和校风建设以及教育资源的再分配等带来了新的问题。学校过于集中也为居住分散的农村学生带来了不便，不仅上学路途遥远，也存在着安全隐患，加重了家长和学生的负担。学生寄宿、一餐走读或租车接送，家长付出的成本远远超过了义务教育免学费、书本费所带来的实惠。

为了适应集中办学，解决上学路途遥远的问题，发展寄宿制学校成为西部农村地区学校布局调整所采用的普遍做法。寄宿制学校又带来了新的问题，因为大部分学校离寄宿制的标准化、规范化水平还有很大的距离，不能满足学生寄宿的基本要求，如宿舍、就餐、饮水、洗漱、卫生等。十几个孩子甚至几十个孩子挤在大通铺上，条件非常简陋，后勤配套设施无法到位。即使这种住宿条件也不能使所有学生都寄宿，因而城镇里出现了大量的陪读者。同时对于寄宿学生来说，他们也失去了和父母兄弟姐妹一起享受融融亲情的权利，尤其是低年级小学生由于缺乏和父母的交流与沟通，长年累月地见不到父母，甚至连爷爷、奶奶的隔代教育也没有了，平时面对的只有老师和同学，造成农村寄宿制学校学生亲子关系的断裂，对于正处在人格形成关键期的儿童来说，任何其他关系都没有办法替代父母与他们的亲子关系。在农村学校布局调整过程中，撤点并校最充分的理由就是提高办

---

① 郭清扬：《农村学校布局调整与教育资源合理配置》，《教育发展研究》2008 年第 7 期。

学效益，最动人的表述是让农村学生和城市学生一样享受到优质的教育资源，从而促进教育的均衡发展。为什么优质的教育资源不能到农村去？吃亏的为什么总是农村孩子？以公平正义为诉求的教育公共政策是否会引起新的不公平？农村学校布局调整政策制定的初衷是决策部门面对公平正义理想和资源有限的两难而做出的选择，其目的就是要通过学校布局调整，整合优质教育资源，促使教育资源得到合理的配置，从而促进区域内城乡教育的均衡发展，提高农村学校的教育质量，让农村学生享受到和城里学生一样的教育以实现社会所吁求的教育公平。然而，由于对规模效益的过度追求，效率与公平的天平更多地偏向了效率，也就是说，在价值取向与理性取向之间更多地偏向了理性而舍弃了价值。

三　两种取向之间的关系

拉斯韦尔在政策科学创立之初，就主张采用科学的方法来制定政策，以达到服务于人的人本目的，但是，政策科学后来的发展却没有按照他的设想进行，而是分裂出科学的理性决策取向和人本的价值决策取向。关于理性取向和价值取向之间的关系，在政策科学研究领域有很多讨论而且争议很大，后来也有很多研究者从不同的角度提出这两种决策取向整合的思想，即用科学方法来筹划政策以实现社会的公平正义。将政策问题这两个方面割裂开来，让理性和价值走向两极的思想显然是存在很大问题的，因为理性与价值是制定公共政策的两个并行不悖、不可偏废的方面，政策决策部门应该在促进理性和价值这两个方面承担起主要责任，所以合理的公共政策制定必须追求科学的理性决策取向和人本的价值决策取向的和谐统一。

农村学校布局调整政策，从理性层面出发主要是提高教育效率的问题，从价值层面主要是考虑实现教育公平的问题。提高教育效率和实现教育公平事实上是农村学校布局调整这一政策的两个方面，教育公平与教育效率不是对立关系，也不是主次关系，教育公平与教育效率是两个相互联系、同等重要的教育政策目标。如果将经济学领域的"效率优先，兼顾公平""公平优先，兼顾效率"简单地套用到对教育公平与教育效率关系的讨论上是不合适的。没有公平的效率是不道德的，没有效率的公平是低水平的。现代社会所追求的是有公平的效率和有效率的公平，即公平与效率的统一。教育公平和教育效率具有同等价值。教育公平与教育效率之所以能够并重和统一，是因为两者各自具有内在的逻辑合理性与价值合理性。因此，在教育领域"效率优先，兼顾公平"或"公平优先，兼顾效率"的说法在理论逻辑上是错误的，在政策实践中是有害的。现代教育永远应该坚持"教育公平与教育效率并重"的原则。从教育政策层面来说，教育政策不能因为追求效率的政策目标而弱化或忽略甚至放弃对教育公平的追求；同样教育政策不能因为追求教育公平的政策目标而回避、压制甚至放弃对教育效率的追求。教育公平和教育效率是两个相互联系、同等重要的教育改革与发展目标。

　　教育公平与教育效率和谐统一的教育政策是促进社会和个人发展的重要手段，当前，中西部学校布局调整政策的初衷就是要在公平与效率之间寻找到一个平衡点，既能够实现教育公平又能够提高资源的利用效率来实现规模效益。然而，由于各级地方政府对规模效益的过度追求，导致规模效益与公平正义的天平更多地偏向了规模效益。教育政策的这一倾向不但在实现教育公平的过程中滋生出了新的不公平，而且由于对"规模效益"的过度追求而引起了新的教育资源浪费、产生规模不经济等一系列问题，致使媒体和政府均认为，促进教育资源合理配置、提高教育办学效益的重要举措的学校布局调整政策在解决原有问题的时候却产生了新的问题。

第二节　微观层面：公共教育政策在教育发展中的具体实施

　　面对需要解决的某项特定问题或者所要达成的预定目标，政府自然会在纷繁多变的现象中规划并选择最为可行的策略，规划内容与所要解决的问题（或者所要达成的目标）之间，存在着密切的因果关系，是一整套公共政策在现实中的具体实施策略，具有很强的科学理性取向（rationality-oriented），而不是空想、臆测。这些行动策略针对未来形势的发展，先期予以规划与准备。同时规划的内容不仅仅是抽象模糊的描述，而是有清晰、明确的工作项目、实施步骤与时间安排。所以，公共政策的具体实施事实上是一个先期制定规划和后期具体实施的过程，整个过程中执行的蓝本都有赖于规划的制定。对于"规划"一词，不同的专家学者因其所持的观点不同而有不同的论述。卡斯特和罗森威（Kast & Rosenzweig）认为，规划是事先决定做什么及如何去做，它包括选定目标、制定决策、方案及程序，以达成目标。[①] 科姆斯（Coombs）认为，规划是一种继续的历程，在此历程中，不仅应有明确的目的，还应该考虑达成这个目的的最佳方案与途径。[②] 哈特雷（Hartley）认为，规划是经由系统分析的历程，制定出合理的、可行的行动方案。[③] 但是总体来说，这些定义相类似，大体指出了规划涉及"达成既定目标、经由理性思考、制定行动策略、具体方法程序"这几个方面。

一　教育规划的内涵

在公共教育政策制定出台之后，就要根据区域的现实具体情况来付诸实施。于是，这同样就产生了为解决某个特定的教育问题或者为了达到预定的教育目标的教育规划。国内学者根据国际上学者们对规划的定义，结合自己的教育实践提出了教育规划的概念。刘永政认为，教育规划学是一门研究教育规划的性质与特点，以及制定教育规划的原理、程序和方法的新兴教育学科。它是随着文化教育事业的迅猛发展以及软科学的崛起而逐渐发展起来的。教育事业是一个巨大的、开放的动态系统，要想对教育实施有效的宏观控制以达到所期望的系统目标，就必须根据教育发展的战略目标、战略重点和所需条

---

① Kast, F. E. and Rosenzweig, J. E. (1987), *Organization and Management*, N. Y.: McGraw Hill Book Co., p. 416.

② Coombs, P. H. (1970), *What is Educational Planning*? Paris: UNESCO, pp. 14-16.

③ Hartley, H. J. (1968), *Educational Planning Programming Budgeting: A System Approch*, Englewood Cliffs, N. J.: Prentice-Hall, p. 27.

件，对教育事业进行整体的规划设计，即通过选择相应的因素、设计最佳系统结构、制定最优工作程序、确定适宜的信息传递渠道和传递形式，使教育活动最大限度地符合目标的要求，实现教育工作的最优化，并有效地提高教育的质量和效率。[①] 戚业国认为，规划是对未来发展的一种设计，教育规划需要建立在未来教育发展的预测基础上。教育规划涉及的教育问题具有价值判断的特点，受到人的价值影响的行为具有高度复杂性，通常是难以准确预测的，因此教育规划的预测是举世公认的困难问题。只有遵循教育规划所制定的一些规律与原则，选择适当的方法与技术才可能真正利用、做好教育规划工作。[②] 高书国认为，教育规划是对教育发展的全局性、长远性和战略性的整体谋划，是解决复杂性战略问题的一种工具，是一种国家、地区或组织站在全局与未来角度对教育发展进行决策和谋划的行为。[③] 台湾学者黄昆辉认为，教育规划是指一个持续的、系统的及科学的历程，经由教育发展目标的制定、未来发展趋势的预测、教育发展策略的建立、教育系统资源的筹配、各种行动优选方案的选择以及实施手段与方法的设计等步骤，借以培养健全的国民、达成教育系统的目标，从而导致国家经济、社会与文化的全面发展与进步。[④] 盖浙生认为，教育规划是为着将来的活动所准备的一套有系统、有步骤的作业程序。旨在根据既定目标，衡量当前各项可资利用的资源，运用统计技术，以期透过教育发展，以促进一国经济、社会、政治乃至全面发展的历程。[⑤]

从国内外学者的论述中可以看出，教育规划具有自己本身的特殊性，同时又符合一般行政规划的共通性。总结起来，教育规划包括了五个彼此关联且相互依存的步骤：（1）明晰并确定教育政策的目标；

---

① 刘永政：《教育规划学》，《中国电大教育》1992 年第 9 期。
② 戚业国：《教育规划的方法与技术选择》，《华东师范大学学报》（教育科学版）2009 年第 3 期。
③ 高书国：《教育战略规划研究》，博士学位论文，北京师范大学，2007 年。
④ 黄昆辉：《教育行政学》，东华书局 1988 年版，第 558 页。
⑤ 盖浙生：《教育经济与计划》，台北五南图书出版公司 1993 年版，第 82 页。

（2）评估实际的教育现状，并科学预测未来的发展趋势；（3）建立实施教育发展的策略；（4）研究并选择实施方案；（5）制定出具体、详尽的实施步骤。同时教育规划一定要在科学化原则的指导下进行，做教育规划的人要具备规划的相关知识，依据当地的客观实际进行研究，并多方听取意见，以系统的方法、科学的态度，慎重地处理相关的问题，尽量做到与客观实际相符合而不是主观的臆断。

二 实施教育政策过程中进行规划的必要性

台湾学者林文达曾经提出："教育是否应该以设定的规划为导向？"[①] 这个问题常常成为教育理论界争论的焦点。反对者认为，教育具有社会性、复杂性及差异性，教育的对象是人，而个人追求的教育理想、目标以及所期望的方式都是不尽相同的，所以不能用统一的、整体的教育规划予以引导。然而，不可否认的是，教育规划的功能确实能够帮助教育目的的彻底实现，尤其是在扩大教育投资的效果方面和有效运用社会资源方面。因此，科学的教育规划制定与执行对于教育发展而言是非常必要的。

近年来，随着教育经济学的发展，教育的投资效率问题已经在全社会取得了共识，对于教育方面的投资越大，获利越多，教育投资的成本效益远远超过了在经济、政治、社会其他方面的投资。然而，对教育盲目的投资，往往会造成巨额的资源浪费，为了避免教育资源的巨额浪费问题，就需要对于教育工作进行审慎的规划，只有通过教育规划的先行指导，才能够对于教育资源进行合理配置，避免教育资源的浪费，确保教育经费的有效运用，进而提高教育投资的效率。同时，从系统论的角度出发考虑这个问题，教育系统包含在社会系统之中，教育是社会系统的次级系统，教育系统要想充分发挥其功能，需要依靠全社会的资源配合，社会资源对于教育系统具有非常重要的影响作用。如果社会资源运用得当，就可以加速教育的发展；反之，如果运用不当，则可能阻碍教育的发展。社会资源未经组织以前原本是

---

① 转引自郑崇趁《教育计划与评价》，台北心理出版社有限公司1995年版，第12页。

分散的，难以自行发挥其影响能力，但是通过恰当的教育规划，就可以引导社会资源在教育领域发挥作用，当然，如果没有一个事先的系统规划，也可能会让这些社会资源被浪费掉。

农村中小学校布局调整过程中出现了城区教育资源紧张与农村教育资源闲置并存的结构性浪费问题。笔者在中西部很多地区进行调研的过程中发现，农村学校在向城区迅速集中的过程中，一方面是国家大规模地投资兴建能够产生规模效益的城区学校，另一方面是撤并农村学校后大量闲置或废弃的中小学校舍，这种浪费现象的出现就是因为长期以来政府对区域教育的发展缺乏详细的考察和分析，未能进行科学合理的规划所造成的。长期以来，教育行政部门缺乏进行教育规划的意识，在很多农村地区学校的布点具有很大的随意性，对政府的教育资源和全社会资源的投向缺乏一种长期的、前瞻性的规划和考虑，在地区学龄人口出现变化、基础教育亟须得到发展的时候，就出现了国家多年以来对农村教育建设的投资付之东流的现象，导致出现这种城区教育资源紧张与农村教育资源闲置并存的结构性浪费。

学校布局调整是区域教育发展中经常性的工作。但是，近几年来，我国农村地区广泛进行的以"撤点并校"为导向的学校布局调整力度之大、范围之广，是新中国成立以来所罕见的。所造成的大量校产闲置，引发出诸多新的社会问题，引起公众的广泛关注也是可以理解的。过去"一村一校"是教育行政部门的政绩，现在"撤点并校"、布局调整又将成为新的政绩，期间只有10多年的时间，这一关乎国家巨额财产和农民切身利益的公共政策制定，怎么能使公众相信是经过充分论证、具有前瞻性的决策？公众有这样的疑虑是很自然的，大量荒废的学校和闲置的校舍说明，教育行政部门对于未来十年甚至更为长远的教育发展规划或预测是不靠谱的，谁又能保证5年或10年后会不会重新来一轮布局调整？布局调整前分散办学所造成的教育资源浪费现象在布局调整后集中资源办学的过程中同样不能避免。

长期以来，我国区域教育发展尤其是县域教育的发展是缺乏科学规划的，其实，当时政府在学校布点上，撒胡椒面式的"一村一校"

的做法确实缺乏一种科学的长远规划，人口高峰的变化应该是很容易预测的，但是，当时县域内实行"分级管理、分级办学"的教育行政管理体制，导致县域内教育发展缺乏统筹，县级教育行政部门根本就没有办法规划学校的布局，学校的布局完全就是在一种无序状态之下的政府行为，缺乏区域教育发展规划的意识，带有很大的随意性。如果当时能够考虑到人口的变化趋势、社会经济的发展等各种影响学校布局的因素，在一种科学的区域教育发展规划的指导之下进行学校的布点，就完全能够避免现在的国家教育资源的巨额浪费。同时，由于政府没有规划在先，做到对"希望工程"和各类捐赠的有序安排、有序接受，这也造成了后来"希望工程"和各类捐赠投资建设的盲目进行，当这些"希望学校"被废弃、闲置时，我们又怎么向这些善款捐赠者做出交代。虽然社会系统为教育的发展提供了相当的资源配合，将这些分散的社会资源集中起来以促进教育的发展，然而，在一个没有恰当的教育规划（或者说根本就没有规划）的情况之下，也就没有办法让这些社会资源在教育领域发挥作用，从而造成这些社会资源的巨大浪费。

三 教育规划的具体方法与原则

传统的教育规划强调教育政策制定与执行分立，重视的是自上而下的规划方式，这种方式的优点是有明确的系统结构，也就是说，这种方式具备健全的执行机构，合理一致的目标，清晰的决策路径和充足的财政支持。但是，在教育政策的实际执行过程中，面对目标的多元化，执行单位意见分歧，执行人员的认识差距等，这种规划方式无法适应基层人员的需要，要想把既定的教育政策落到实处是比较困难的。所以在规划过程中应该采用自上而下和自下而上相结合的规划方式，也就是说，对于计划目标、可用资源、执行策略、执行要点这些有层次和逻辑次序的方面，规划者可采用自上而下的规划方式。当规划的草案完成之后，为了使规划能够真正达成预期的教育政策目标，能够解决教育一线工作人员所面临的实际困难和问题，应该考虑在自上而下规划草案的基础上，多方听取基层各方人员的意见，进行自下而上的微观规划，从具体现实出发使教育政策目标能够在现实中得到贯彻，使理想与实际能够结合起来。这样，在对教育政策实施的过程中采取自上而下和自下而上相结合的规划方式来制定规划草案，就可以在无形中纳入多方面的意见和看法，最后由规划小组成员再进行整合，从而形成完整的书面规划草案。这种将自上而下和自下而上相结合的规划方式，使得教育规划一方面处在教育政策的框架之中，另一方面又能够与某一地区的实际情况相结合，从而使得所制定的教育规划在实现政策目标的同时更具有针对性。

在新一轮农村学校布局调整过程中，首先要提高县级教育局人员对教育规划的认识，并且为县域制定出一个涵盖整体教育系统的县域教育规划做准备工作。同时要强调使用自下而上的方式制定规划——这种方式与中国传统上流行使用的自上而下的目标化规划方式是非常不同的，在实施教育政策目标的过程中，要将自上而下和自下而上两种规划方式结合起来。因为根据国家学校布局调整政策制定的教育规划是一个典型的自上而下的目标化规划，在这个规划中，国家目标和任务都由省府说明然后传达给地县，甚至将目标规划简化为学校数量的减少。在整个过程中，适应不同地域与国家政策之间差异的空间是非常有限的，这就导致县级规划出现了严重背离实际的情况。针对这种现象，县级教育行政部门需要根据县域的实际情况制定出更加符合本地实际的县域教育规划，并且应该更多地采用自下而上的方法。这种自下而上的教育规划方法将以一种不同于以往的规划方法进行，在这种规划方法中，国家和地区教育政策将形成一个各县须达到的总体目标环境，但是也会根据对当地情况的具体分析而创建出适应于各个县域实际情况的具体工作目标和任务。这种分析（至少对基础教育领域）将在很大程度上基于每个县基础教育发展的信息、目标及任务，充分强调规划服务对象和规划应用方面的衔接，分析这些规划并认识到如何根据不同的服务对象和用途设计教育规划。

我国农村学校布局调整开始以后，地方政府希望通过扩大学校规模来降低生均成本从而提高教育效益。从经济学角度来看，就是希望用尽量少的劳动消耗取得尽量多的有用成果。基于这样的考虑，在中西部农村很多地区，地方教育行政部门提出了"一乡一中心，中学进县城"的教育发展规划，在学校布局调整的过程中，通过把小学集中到乡（镇）中心校，把中学全部集中到城区，建设"巨型学校"的做法，扩大学校规模，提高教育资源利用率，从而降低学校的管理运行成本，提高办学效益。这一教育规划的制定依然延续了传统上自上而下的教育规划思路，先由省级教育行政主管部门制定出宏观的教育规划，然后开始给各个地县逐级分解规划目标，责成当地教育行政单位按时完成。以甘肃省为例来说，2008 年 9 月，甘肃省基础教育工作会议在酒泉召开，会上提出了新一轮教育布局调整要以撤点并校为基础，以创办寄宿制中小学为突破，坚持"高中、初中阶段学校向县城集中，小学向中心乡镇集中，学前教育向中心村集中，新增教育资源向城镇集中"的规模办学思路。之后依据甘肃省基础教育工作会议精神和省级教育规划就开始给各个地县分解完成的目标和时间，而完全没有注意到各地的实际情况，加之很多教育行政部门领导习惯于自下而上的教育规划逻辑，致使依据本地实际情况的自下而上的教育规划根本就不可能产生。我们可以看到，甘肃各地制定的学校布局调整规划基本上都是以甘肃省基础教育工作会议精神为蓝本，完全没有顾及变化了的当地实际情况，遵循"高中向城市集中，初中向城镇集中，小学向乡镇集中，教学点向行政村集中"的原则，展开中小学布局大调整的工作。一场由政府主导、由上而下，全面涉及城乡基础教育的学校布局调整拉开了序幕。造成这种情况的一个原因是没有支持自下而上的县级教育规划，让县级教育行政部门学会如何改变他们传统的规划方式而更加适应他们所面对的本地实际情况。

第四章　田野工作

第一节　焉支山下
——田野点概况

一　山丹县的历史源流

山丹县位于甘肃省西部河西走廊中段，东靠永昌县，西邻民乐县，南以祁连山与青海省为界，北与内蒙古自治区阿拉善右旗接壤，东南过西大河水库与肃南裕固族自治县皇城区毗邻，西北与张掖市相连。位于东经100°41′—101°42′，北纬37°50′—39°03′，东西宽89公里，南北长136公里，总面积5402.43平方公里，素有"走廊蜂腰""甘凉咽喉"之称。

山丹县志载，早在五六千年以前的新石器时代，县境内就有中华先民从事原始的农耕、畜牧活动。夏、商、周时期，西羌诸族先后在境内生息、繁衍。战国至秦，县境为乌孙、月氏等族的重要牧地。汉初，北方匈奴崛起冒顿单于时，遣太子稽粥（老上单于）率兵进入河西，逐月氏族西迁，县境遂成为匈奴右地。汉武帝时，县境为匈奴昆邪王（一作浑邪）领地。汉武帝刘彻元狩二年（前121年），西汉王朝为实现"断匈奴右臂"和开拓河西交通孔道进而经略西域的战略计划，两次遣骠骑将军霍去病率兵出陇西而远征河西，过焉支山与匈奴战，大破匈奴获全胜，迫使匈奴昆邪王率众归汉。[①]匈奴民歌唱道："失我焉支山，使我军中妇女无颜色；失我祁连山，使我六畜不

兴旺。"自此县境正式纳入西汉版图，境内始有行政建置。

> 霍去病，卫皇后姊少儿子也，父长孺。去病年十八，以后族入侍中。善骑射，以骠姚校尉从大将军卫青伐匈奴，屡冠军，封侯。元狩二年，为骠骑将军，将万骑，出陇西，过焉支山千余里，击匈奴，执浑邪王子及相国、都尉，首虏八千余级。收休屠王祭天金人。夏，复出陇西、北地二千里，过居延，攻祁连山，得首虏三万余，裨将小王以下七十余人。去病益封，校尉赵破虏、高不识、仆多并封侯。其秋，匈奴单于怒浑邪、休屠居西方，为汉所杀虏数万人，欲召诛之。浑邪、休屠恐，谋降汉，先遣使邀遮汉人，令报天子要边。大行李息以闻，天子恐诈，令骠骑将军将兵往迎之。时，休屠王等悔，欲遁，去病驰入，得与浑邪王相见。浑邪王杀休屠王，并将其众降汉，凡四万人，号十万。分徙边五郡故塞外，因其俗为属国。明年，去病复大破匈奴，封狼居胥山，晋大司马。元狩六年，卒，谥景恒。①

境内置县，始于西汉武帝元鼎六年（前111年）。从这时候开始，境内设置了删丹、日勒两县，属张掖郡。删丹县辖有今县境的绝大部分地域，为该县历代建置的主体。据成书于道光十五年（1835年）的山丹旧志记载，删丹古城在焉支山谷地近钟山寺处，焉支山"以晓日初映，丹碧相间如'删'字，又名删丹山，而县以此得名"。② 日勒县辖有今县境东北部焉支山北侧地域，治在今峡口东古城洼，以驻地城堡的"旗翻日勒"之景而得名。西汉王朝在境内置日勒都尉以御匈奴，为境内重要的军事要冲。

在其后的东汉至三国两晋南北朝时期，该县数易其手，为不同民族政权所有，该地成为各民族文化交流与融合的重要地区。东汉末分张掖郡地置西郡，删丹和日勒两县就隶属于西郡。十六国时期，先后为前

---

① 山丹县县志编纂委员会（地方志办公室）翻印：《校点道光十五年山丹县志·附录补遗》，1993年，第2页。
② 山丹县县志编纂委员会编：《山丹县志》，甘肃人民出版社1993年版，第115页。

凉、前秦、后凉、北凉政权割据。南北朝时期，被北魏、西魏、北周相继占有。隋朝开国之后，将境内所有建置统一合并为删丹县，隶属张掖郡。据《旧唐书·地理志》记载，"删丹，汉县，属张掖郡。后汉分张掖置西郡。晋分删丹置兰池、万岁、仙堤三县，炀帝废，并入删丹。居延海，焉支山在县界。"① 另据《元和郡县志》记载，"隋、唐时期，删丹县城在甘州城（今张掖）东 120 里"②，应该就是今天的县城所在地。"安史之乱"之后沦于吐蕃。五代及宋初为回鹘所占据。北宋仁宗六年（1028 年），被西夏并入版图。南宋理宗宝庆二年（1226 年），蒙古灭西夏之后，县境为亲王阿只吉封地，隶属于甘州路总管府（驻张掖）。此时，改删丹为"山丹"，沿用至今。《校点道光十五年山丹县志·附录补遗》中记载，"元世祖中统元年，夏四月，诸王合丹及八春汪良臣、山丹州元帅按竺迩，大破阿蓝答尔、浑都海于甘州东，杀之。至元元年，立甘肃路总管府，始治水田。六年，以阿只吉大王行山丹城事。初，即王封地也。删讹作'山'，后因之。"③

二　山丹县的自然地理

山丹县地处亚洲大陆腹地，远离海洋，近沙漠，植被差，多裸露山地、丘陵，属于大陆性高寒半干旱气候。具有日照时间长，太阳辐射强，气温低，昼夜温差大，降水量少而集中，蒸发量大，湿度小，无霜期短，自然灾害较多等特点。春季升温慢，天气多变风大，冷空气活动频繁，常出现倒春寒。夏季不太炎热且短促。初秋天气较好，秋高气爽，但降温快，中秋节左右易出现寒潮，草木凋谢。冬季寒冷而漫长。全县土地总面积为 810.36 万亩，山丹军马场使用 250.06 万亩，县辖 560.3 万亩。县辖可耕地为 85.71 万亩，占土地总面积的 15.3%，其中水地 30.24 万亩，旱地近 56 万亩；草地 365.83 万亩，占土地总面积的 65.29%，有利于发展农牧业生产。境内气候干旱，主要产粮的平川地

---

① 《旧唐书·地理志》，中州古籍出版社 1996 年版，第 310 页。

② 山丹县县志编纂委员会编：《山丹县志》，甘肃人民出版社 1993 年版，第 116 页。

③ 山丹县县志编纂委员会（地方志办公室）翻印：《校点道光十五年山丹县志·附录补遗》，1993 年，第 7 页。

区年降水量仅 150—230 毫米，年平均气温 7.5℃，年蒸发量为 2246 毫米。1953—1982 年这 30 年间，干旱成灾就有 10 年，其余均为少雨年份。且季节分布不均，春夏多旱。气温时空变异较大。县域内主要的自然灾害为旱灾、早晚霜冻、暴雨和大风。由于该县的地质构造处在河西走廊的祁连山地震带上，县域内地震频繁，破坏较重。

境内祁连山耸立于南，焉支山雄踞于东，龙首山屏障于北，丘峦起伏，沟壑纵横。除山区外，县域南北、东部为冲积平原，中部为槽型地带冲积平原，瞭高山区为褶皱低山丘陵，东北龙首山南麓为波状地丘陵，北部红寺湖地区为封闭型沟谷平原，全境自东南向西北缓慢下降。祁连山位于县城南 90 公里处，为甘肃和青海的分界岭，4000 米以上山峰有现代冰川分布，是县境内天然的高山水库。焉支山距县城 40 公里，南北宽 20 公里，东西长 34 公里，总面积 680 平方公里。水草丰美，自古以来就是天然优良牧场，也是境内主要水源涵养林地。龙首山位于县城北 15 公里处，由于相对高度大，横断了北部风沙再侵，拱卫着山前农田。

山丹的水系属于内陆河流域，东南部山区属于黑河水系和石羊河水系，其水源主要来自于南部祁连山和中部的焉支山融雪。境内主要河流有山丹河、马营河、霍城河和寺沟河。山丹河旧志做删丹河，古称弱水，是马营、寺沟诸河在距县城东南两公里处汇流而成的间歇河，经清泉、东乐乡向西出境入张掖汇入黑河。《校点道光十五年山丹县志·附录补遗》记载，"《书》曰：导弱水至合黎，余波入于流沙。弱水出山丹县东南。合黎，地名，山丹西境。流沙，地名，张掖东境。"[1]马营河发源于祁连山冷龙岭，全长 153 公里，流经县域内多个乡镇，灌溉农田。霍城河也发源于祁连山，从几个山口流出后潜入地下，又从霍城南驼岭山东西两侧和西山东南侧溢出。水流较缓，各坝独立引水灌溉，夏季洪水和冬季闲水汇入霍城河，霍城河经霍城与李桥两乡之后与马营河汇流成山丹河。寺沟河发源于焉支山，流经陈户和花寨乡

---

① 山丹县县志编纂委员会（地方志办公室）翻印：《校点道光十五年山丹县志·附录补遗》，1993 年，第 1、153 页。

之后，汇入山丹河。山丹县境内水资源总量为 1.945 亿立方米。其中，地表水 1.457 亿立方米，地下水资源 0.4884 亿立方米。按农业人口平均每人占有 733 立方米，仅为全国人均 2716 立方米的 26.99%，全省人均 1616 立方米的 45.36%，比周边张掖等地水资源更加匮乏。

三　行政区划

山丹县的行政区划在中华人民共和国成立以后经历过多次变化，基本稳定下来是在 1965 年 9 月，全县设置了城关镇、东乐、红寺湖、清泉、位奇、陈户、老军、李桥、花寨、大马营、霍城 11 个人民公社，这一建置稳定达 18 年之久，到 1983 年 11 月恢复乡的建置才发生了变化。自 1983 年起，县以下行政区划是在不打乱原有各人民公社行政区划和隶属关系的基础上，实行政、社分设。城关镇公社变更为城关镇，其他 10 个人民公社改称为乡，生产大队改称为村，生产队改称为社（村和社数有部分调整）。自此，全县行政区划分为城关镇、东乐、红寺湖、清泉、位奇、陈户、老军、李桥、花寨、大马营、霍城一镇十乡和山丹军马厂区。

从 1998 年开始，山丹县开始推进乡镇机构改革，转变政府职能，国家出于进一步减轻农民负担，推进城市化进程，促进农村经济发展的考虑，进行了大规模的撤乡并镇工作。在这一背景之下，1999 年，山丹县开展了撤乡并镇工作，将原来的清泉、位奇、霍城由乡变为镇，行政区划也由原来的一镇十乡变更为四个镇、七个乡，即城关、清泉、位奇、霍城四镇和东乐、红寺湖、陈户、老军、李桥、花寨、大马营七个乡。根据第五次人口普查数据，全县总人口 191158 人，其中各乡镇人口（人）：城关镇 26095 人、清泉镇 30949 人、位奇镇 23744 人、霍城镇 19829 人、东乐乡 13820 人、红寺湖乡 899 人、陈户乡 21797 人、老军乡 7543 人、李桥乡 9397 人、花寨子乡 8777 人、大马营乡 10634 人、马场虚拟镇 17674 人。2005 年，乡镇行政区划调整，原城关镇、红寺湖乡并入清泉镇，花寨乡并入大马营乡，于是新的山丹县行政区划变更为三镇五乡，即清泉、位奇、霍城三镇和东乐、陈户、老军、李桥、大马营五个乡和山丹农场、中牧公司山丹马场。

四 农业生计

山丹因海拔高度、气候南北差异较大，按农时季节划分为三个类区。北部平川地区（习惯称为一、二类区），地势较平坦，海拔1550—2300米，年平均气温为7℃—3℃，降水条件较差，主要靠发源于南部山区的雪山水流灌溉，为县域内主要的产粮区。南部沿山地区（习惯称为三类地区），海拔2300米以上，地势高多山地，气温随海拔逐渐增高而降低，降水量则相反，呈逐渐增多的趋势，气候阴湿冷凉，无霜期短，热量不足，年平均气温0℃—3℃，较北部平川区低4℃左右，该区为县域内主要的产油区和牧业区。

山丹县的农业生产主要以粮食和油料种植为主，粮食作物以小麦为最多，其次是青稞、大麦、豌豆、洋芋、糜子、谷子、蚕豆、玉米、扁豆等，油料作物主要是胡麻和油菜，南部沿山的三类地区主要就是以种植胡麻和油菜为主的，每年夏季，这一地区的万亩油菜花盛开也是焉支胜境的特色之一，油料生产是山丹农业的支柱，仅次于粮食生产。县域内有较丰富的各种矿产，这为山丹工业的发展提供了良好的条件。1943年，新西兰友人路易·艾黎在山丹创办培黎学校，并办了一些小型校办工厂，有制鞋、造纸、纺织、陶瓷以及煤炭开采等机械工业，为山丹地方工业的发展培训了一批技术骨干。中华人民共和国成立以后，在国家的统一领导下建立了门类较齐全的地方工业体系，主要包括采矿、冶炼、化工机械制造、食品加工、陶瓷、玻璃生产等。从90年代开始，中国社会因为区域经济发展的不平衡，产生了东部经济发达，而西部经济落后的状况。这种区域间的比较经济利益优势吸引了大规模的人口流动。数以百万计的西北地区农民离开了自己世代生活的土地，走进了陌生的城市，开始了打工的生活。山丹县的情况更是如此，1978年，东乐公社静安大队、位奇公社芦堡大队社员在青海从事维修工程等辅助性劳动。从1985年开始，全县各乡在青海、新疆、敦煌等地经营制砖、修建、石棉生产各业，人员达数千人。1988年底，乡镇企业局设劳务办公室，全县劳务输出人口达到5800多人，收入780万元。近年来，为了解决农村剩余劳动力和县域内吸纳转移劳动力能力有限的矛盾，促进农民增收和地区经济发展，县政府充分发挥劳动力资源优势，变人力资源优势为经济资源优势，大力发展劳务经济。针对山丹县干旱缺水的实际情况，县政府提出了"劳务输出是农村经济发展的重要支柱"的发展思路，把发展劳务经济作为发展农村经济、富裕农民、带动当地经济发展的重要途径。从改革开放开始一直到现在，劳务输出成为山丹县域经济发展的主要方面。一个人口20万的县域现在劳务输出已经达到7万人左右，将近占到全县人口的1/3，因此山丹县成了河西地区劳务输出大县，留守儿童数目很大。

山丹县境内有兰新铁路这条东西大动脉横贯县境东西，同时有甘新公路312国家干线公路，有15条县乡公路，纵横交错，四通八达，县城距省会兰州494公里，境内铁路和公路交通极为便利。全县邮电通信发展迅速，县域内三镇五乡和军马厂区都开通了程控国内直拨电话，实现了全县范围的市话、农话自动化。电力供应比较充足，截至1988年底，全县各个乡镇实现了村村通电。

第二节　山丹县学校布局的历史与现实

山丹县是整个国家政治架构的一个微型部分，在我国的版图上只占据着很小的一个角落，因此山丹县的教育历史如同整个国家的教育历史一样，也是国家历史的一个组成部分，是整个国家大的教育事件的微型投影。

山丹县官办教育，明代有卫学，清朝设书院，民国时期开始有了现代学校教育。设立初中和小学，但是因为当时国家积贫积弱，投入的教育经费很少，导致教育发展举步维艰。新中国成立之初，山丹县委和县人民政府重视发展教育事业，当地教育进入了一个迅速的发展时期。1949年，山丹全县仅有58所学校，其中初中1所、完全小学8所、初级小学49所，全县没有一所高中。1952年土地改革后，人民生活得到改善，全县小学生数量增至8125名，初级小学由原先的49所增至60所。到1958年"大跃进"之前，学校总数没有发生多大变化，只是增加了两所初级中学，即花寨中学和位奇中学，完全小学数量增长到 34 所，山丹县初级中学改名为山丹中学，成为县域内第一所完全中学。

70 年代，由于极"左"路线的肆虐，开始出现"队队有初中、社社有高中"的局面，东乐公社的西屯、五墩、静安，清泉公社的双桥、郇庄、祁家店，位奇公社的新开、芦堡、朱湾、高寨，陈户公社的新河、孙营，老军公社的刘庄，李桥公社的高庙、上寨，马营公社的双桥、二马营，花寨公社的新泉、中河，霍城公社的双湖、西坡和红寺湖共 22 所完全小学附设初中。东乐、位奇、陈户、老军、花寨、马营、霍城、河湾 8 所小学增设初高中班，改称中学。1975 年成立清泉中学。至此，全县有 10 所完全中学。这一时期，由于学校发展过快以致初、高中教师严重不足，教师层层升格使用，加上"读书无用"和"知识贬值"等思潮的影响，教育教学质量严重下滑。1980 年 1 月，教育部召开全国教育工作会议，总结了中华人民共和国成立以来教育工作的基本经验，提出"加强学校政治思想教育，继续普及小学教育，进行中学结构改革，办好重点中学等任务"。遵照此次会议精神，同时根据 1981 年 5 月教育部提出的"充实加强小学，整顿提高初中，压缩普通高中，集中力量办好重点学校的调整整顿方针"，山丹县教育局第一次对全县的学校进行了布局调整。1981 年秋，合并了一些生源不足、教师缺乏的高中和初中，撤并了西屯、红寺湖、新开、朱湾、崖头、暖泉、刘庄、高庙、新泉、上寨、中河、双桥、二马营 13 所学校的初中班，将马营、霍城中学的高中部并入花寨中学，东乐中学的高中部并入山丹中学，老军和位奇中学的高中部并入陈户中学。后改山丹中学为山丹县第一中学，清泉中学为山丹县第二中学，花寨中学为山丹县第三中学。同时，改陈户中学为农业中学，1985 年改霍城中学为霍城农业中学（初级中学）。在此基础上保留了位奇初级中学和李桥初级中学。至 1988 年，县域内出现了完全中学三所、职业中学两所、初级中学两所。八年制学校（小学附设初中）13 所，完全小学共 95 所，村学 33 所。①

---

① 以上学校统计数字不包括省地厂矿在山丹设立的学校，仅仅是对山丹县办中小学的统计。

表 4 – 1　　　　　　　　1988 年山丹县中学情况统计

校别	校名	地址
完全中学	山丹县第一中学	县城北街
	山丹县第二中学	县城西街
	山丹县第三中学	花寨子乡花寨子村
职业中学	陈户农业中学	陈户乡陈家崖头
	霍城农业中学	霍城乡霍城村
初级中学	位奇初级中学	位奇乡位奇寨
	李桥初级中学	李桥乡河湾

表 4 – 2　　　　1988 年山丹县八年制学校情况统计（小学附设初中）

校名	所在地	备注
双桥学校	清泉乡双桥村	
郇庄学校	清泉乡郇庄村	
东乐学校	东乐乡东乐村	
静安学校	东乐乡二十里铺	
五墩学校	东乐乡五墩村	
芦堡学校	位奇乡芦堡村	这些八年制学校始于 20 世纪 70 年代，是为了解决当地学龄儿童上学难而设立的，是一个特殊历史时期的产物
高寨学校	位奇乡高寨村	
新河学校	陈户乡新河村	
陈户学校	陈户乡陈户村	
老军学校	老军乡老军寨	
双湖学校	霍城乡双湖村	
西坡学校	霍城乡西坡村	
大马营学校	大马营乡大马营	

表 4 – 3　　　　　　　　1988 年山丹县村学情况统计

所在乡镇	村学数量（所）	备注
东乐乡	2	
陈户乡	8	
位奇乡	9	

所在乡镇	村学数量（所）	备注
红寺湖乡	1	当地村学是为解决边远山区低年级学龄儿童上学难问题而开办的
老军乡	3	
大马营乡	5	
花寨乡	2	
霍城乡	1	

表 4-4 　　　　　　　　1988 年山丹县完全小学情况统计

乡镇名称	完全小学数量（所）	备注
城区	2	除城区两所为六年制小学以外，其余均为五年制小学这些小学基本覆盖了全县各个乡镇的各个村庄
城关镇	1	
清泉乡	9	
东乐乡	4	
位奇乡	15	
红寺湖乡	3	
老军乡	7	
李桥乡	11	
陈户乡	13	
大马营乡	7	
花寨乡	9	
霍城乡	11	

　　由以上的统计可以看出，经过 40 年的发展，山丹县的教育发展成绩斐然，总共建成中学 7 所，各类小学、村学共 141 所，基本覆盖了全县各个乡镇的各个村庄，出现了后来被称为"一村一校"的学校分布格局，这一学校的布局状况成为山丹县现在学校分布格局的基础。1986年，我国颁布了第一部《义务教育法》，通过法律的形式，规定所有适龄儿童和青少年必须接受一定年限的学校教育，并要求国家、社会和家长必须予以保障。义务教育作为政府提供的最低标准的合格规范教育，保障的正是广大人民群众及其子女的基本人权和发展权利。1992年中国共产党第十四次代表大会提出，到 20 世纪末"基本普及九年义

务教育，基本扫除青壮年文盲"的目标，我国举全社会之力开始实施"普九"教育。在全国范围内普及九年制义务教育的社会大背景下，山丹县也开始了自己的普九之路，2000 年，全县共有中小学 132 所（不包括马场、农场的 6 所学校），截至 2008 年 7 月，全县共有中小学 105 所，在校生 25289 人。其中小学 87 所，570 个班级，在校生 13683 人（农村 8341 人）；初级中学 9 所，九年制学校 8 所，162 个班级，在校初中生 7795 人（农村 4303 人）。农村初级中学校均学生数 301 人，校均规模 7.4 个班，班均人数 40.7 人。高中 2 所，在校学生 3850 人，其中山丹一中 3606 人，马场总场中学 244 人。全县有教职工 2161 人，其中城区 700 人，农村 1461 人。小学教职工 1065 人，其中城区 251 人，农村 814 人。初中教职工 562 人，其中城区 172 人，农村 390 人。高中教职工 232 人，其中一中 202 人，马场总场中学 30 人。从 2001 年起学校布局调整逐年进行，2002 年农村税费改革以来，山丹县按照甘肃省的统一部署，大力调整农村教育布局，取得了初步成效。全县共撤并学校 27 所，学校总数减少了 23%。到 2008 年 12 月底，经过调整，全县共有中小学 103 所。在这一过程中学校布局渐趋合理，教育资源得到一定程度的整合。但是，随着城镇化建设的快速推进，农村人口向城镇不断集中，加之计划生育成效的显现，农村学龄儿童逐年递减，城乡教育布局又出现了新的不均衡。农村中小学布点多、容量小、条件差、效益低，教师难配备，管理难跟进，质量难保障，发展不均衡，严重影响了农村义务教育的健康发展和教育教学质量的提高。

第三节　学校布局调整的必然性分析
——房子新了、学生少了、教室空了

一　学龄人口①的迅速减少，产生了尴尬的"微型学校"

农村学龄人口的急剧减少，是多种力量综合影响的结果，其中最

---

① 本节所定义的学龄儿童指的是年龄在 6—14 岁的少年儿童，其中 6—11 岁的儿童为小学适龄人口，12—14 岁的儿童为初中适龄人口。

为重要的：一是由于我国长期执行的计划生育政策有效地控制了农村人口的增长，导致学龄人口急剧减少；二是由于农村进城务工人员增多，以家庭形式举家搬迁的增多，有相当一部分学龄人口流入了城镇地区。前者可归结为政策因素造成的农村学龄人口减少，后者可归结为城市化因素造成的农村学龄人口减少。中国的城市化进程十分迅速，在我国整体人口数量递减的趋势下，人口调控政策无论在城市或农村都具有相同的效力，那么城市化进程中的关键因素——城市人口，必然是由农村向城镇的迁移来完成的，其结果必然带来农村学龄人口的锐减。

这种农村学龄人口的锐减在我国中西部地区已成为一种普遍现象。新闻媒体上经常报道诸如学校教师比学生还多或只有一两个学生的学校，实际上就是学龄儿童急剧减少之后出现的现象。一所学校里教师比学生还多，听起来是笑谈，但在现实中却有活生生的例子。据腾讯新闻 2007 年 8 月 26 日报道①，安义县合水小学曾经一度繁华，该校有两层楼 16 间教室，小学生人数多达 180 人，教师达 15 人之多。但此时全校仅剩一师一生，并且每周教师仍坚持升国旗唱国歌。所以，该报道的标题是《乡村小学仅剩一师一生坚持升国旗唱国歌》。

地处西北农村地区的甘肃省山丹县同样也是如此，在这种人口出生率下降的背景下，山丹县的学龄人口也急剧下降，伴随着计划生育政策的实施，在 1998 年到 2008 年的十年中，山丹县总人口从 19.44 万增长到了 20.31 万，但是人口出生率却迅速下降，同时期山丹 6—14 岁学龄儿童从 29833 人减少到 22088 人，减少了 7745 人，年平均减少 774.5 人。其中，6—11 岁的小学适龄人口从 21960 人减少到 14192 人，减少了 7768 人，年平均减少 776.8 人。② 由这些山丹县统计局提供的资料可以看出，在 1998—2008 年这十年间山丹县学龄人口锐减，尤其是小学生数量的减少非常之快，十年时间大约减少了人口高峰时期的 1/3。原先繁荣的各村小学开始逐渐萎缩，在生源持续

---

① http：//news. qq. com/a/20070826/000977. htm.
② 山丹县人民政府：《山丹县统计年鉴（1998—2008）》，山丹县统计局印。

减少的情况下，高年级如五六年级学生无法组成一个完整的教学班而被并入其他中心学校，后来三四年级也被合并到中心学校，这些农村学校渐渐成为名副其实的"微型学校"。

近些年，在"希望工程""农村学校改造项目"等各类项目的支持下，目前我们山丹县的学校已基本不存在危房的问题，前几天省教育厅农村校舍安全评估小组还派兰州理工大学的技术人员来评估过，经过这些年的学校基础设施建设，现在你到哪一个学校去，感觉都是新新的教室，但进去一看学生很少，教室空荡荡的，真是"房子新了、教室空了、学生少了"。（2009年11月20日山丹县教育局办公室主任访谈记录）

图4-1　空荡荡的教室

这些年来计划生育政策的执行造成农村人口减少，再加上许多娃娃由于种种因素流入城市，比如一些做生意的家长，等他们在城里站住脚了，就会在城里买房或者租房，把小孩都带到城里去念书了。我们新泉小学在人口高峰期的时候，有近160个娃娃，现在只有55个娃娃了，一年级10人、二年级16人、三年级13人、四年级16人，因为五年级娃娃太少，今年被合并到距我们新泉5公里

的三中了。(2009 年 4 月 15 日新泉小学校长访谈记录)

我们这所希望小学是由原来在我们这儿插队后来成为大老板的张永生捐资 80 多万修建的，最多的时候，学校有 180 多个娃子哩，分为六个年级，是一所完全希望小学，近几年来，随着我们学校生源地四坝村学龄儿童的迅速减少，现在只剩下三十几个孩子了。县教育局通知下学期要把三、四年级合并到位奇中心小学，学校就只剩下一、二年级，几乎没有学生了。(2009 年 4 月 15 日荣生希望小学校长访谈记录)

图 4 - 2   漂亮的新教室都空着

目前，山丹县类似于新泉小学和荣生希望小学这样的微型农村学校不在少数，根据山丹县教育局的统计结果，截至 2008 年 12 月底，全县 87 所农村小学，100 人以下的有 64 所，占同类学校总数的 73.6%。其中，马营乡 11 所，陈户乡 7 所，东乐乡 3 所，霍城镇 11 所，老军乡 5 所，李桥乡 10 所，清泉镇 4 所，位奇镇 13 所。50 人以下的小学 41 所，占 47%，其中，马营乡 11 所，陈户乡 4 所，东乐乡 1 所，霍城镇 6 所，老军乡 2 所，李桥乡 10 所，清泉镇 1 所，位奇镇 6 所。农村小学 10 人以下的班级有 122 个，占农村小学班级数的 21.4%。

　　"普九"过后，人口高峰退去，很多农村学校的生源急剧减少，根据山丹县教育局提供的数据，山丹县义务教育阶段学生总数由1998年的29833人下降至2008年的22088人，10年间锐减了7745人。根据山丹县学龄人口的现状和发展趋势，在未来数年内，学龄少年儿童数量将进一步下降。目前，全县共有初中生7795人，小学生13683人，0—6周岁学龄前儿童9526人，从这一组数据可以看出，学龄儿童上学高峰即将过去。也就是说，六年后，山丹县小学在校学生人数只有9526人，比现在减少4157人，初中学生人数也会随之减少。同时加上农村人口向城镇不断集中和民工潮的流动这些因素的影响，可以预见，农村小学、初中的办学规模今后将进一步萎缩。

图4－3　劳务经济将使更多的学龄儿童随父母进城

　　（一）"微型学校"的困境之一：学校财政困难

　　我国从20世纪80年代中期开始，在农村地区建立了"分级办学、分级管理"的义务教育办学体制，其赖以运转的基础和保证是多渠道筹措教育经费的教育财政机制，即向农民征收农村教育费附加和教育集资，使得农村地区长期处于"义务教育人民办"的境地之中，广大农民群众负担较重。从2000年开始，党中央、国务院为切实减轻农民负担，规范农村税费制度，从根本上治理农村各种乱收费、乱集资和乱摊派现象，保护和调动农民积极性，开始在农村地区全面推行税费改革，取消了农村教育费附加和包括以教育为名义的集资活动，税费改革得到了广大农民的衷心拥护和支持，同时也对我国义务教育财政管理体制产生了深远的影响。义务教育财政管理体制由原来的"分级办学、分级管理"转变为"以县为主"，义务教育财政管理体制的这种变化对于中西部地区很多县的"吃饭财政"而言，教育事业费附加和农村教育集资这两项被取消以后，使得县级财政对义务教育的投入面临更大的短缺。在取消了农村教育费附加和包括以教育为名义的集资活动的同时，义务教育阶段"一费制"广泛推行，也就是说，学生不缴学费，但是要缴杂费。一般来说，学生缴纳的杂费主要用作学校公用经费支出。义务教育阶段"一费制"的推行对规范义务教育阶段收费行为起到了积极作用，但是由于国家对义务教育的投入不足，学校公用经费支出基本上来自于学生所缴的杂费，因此学生在缴杂费这一块上的负担很重，导致中西部农村地区很多学校出现了日常运转困难且存在着学龄儿童上学难问题。

为解决好我国中西部农村地区适龄儿童的就学问题和"留得住"的问题，2003年，我国政府提出，争取全国农村义务教育阶段家庭经济困难学生都能享受到"两免一补"（免除学杂费、免费提供教科书和补助家庭经济困难寄宿生生活费），努力做到不让学生因家庭经济困难而失学。2005年底，国务院决定深化农村义务教育经费保障机制改革。从2006年春季学期开始，免除西部地区农村义务教育阶段学生学杂费，2007年春季学期扩大至全国所有农村义务教育阶段学生。同时，继续对义务教育阶段家庭经济困难学生免费提供教科书，并补助寄宿生生活费。至此，我国政府开始在全国范围内实行免费义务教育，作为学校公用经费主要来源的杂费被取消。学校的公用经费也转变为国家通过预算内教育事业费定额拨付，预算内教育事业费包括预算内人员经费和公用经费。预算内人员经费主要用于教师工资，预算内公用经费主要用于学校的日常运行开支，因为预算内公用经费是按照学生的人头数目定额拨付给学校的，所以也被叫作生均公用经费，目前小学生生均公用经费数目为每人每年300元，初中生生均公用经费数目为每人每年 500 元，这就意味着学生数量的多少直接决定了学校公用经费的多寡。对于这些"微型学校"而言，由于学生数量很少，所以生均公用经费的总数就非常少，这使得这些学校出现了财政困难。

> 以我们巴寨小学为例来说，现在我们这个学校总共有 32 个学生，一年级 9 人、二年级 6 人、三年级 5 人、四年级 12 人，按照目前国家实行的小学生生均公用经费标准 300 元/年来计算，我们学校的生均公用经费一年为 9600 元。山丹这地方无霜期短冬季很长，到了冬天，光烧煤就要花掉不少，四个年级教室再加上四个老师宿舍，可以说学校的财政是非常困难的，现在我们每到冬季就要和村上打招呼，让村上支援我们一些煤，不然学校就没法过冬，不合并咋办？依我们看合了好得很，学校一大，一个班上就会有五六十个孩子，学校就富裕了，我们再也不会被这些事情困扰了。（2009 年 4 月 15 日巴寨小学老师访谈记录）

> 荣生希望小学的办公经费是非常紧张的，学校有三十几个孩子，一到六年级都有，冬天没有办法，只好早早放假，去年没有办法，我们请张总（荣生希望小学的捐资人）给我们买的煤，今年张总开发的房地产卖得不好，他也快破产了。唉！真不知今年冬天我们学校该怎么办，希望赶快合并到中心校去，不然再问谁去要煤钱，嘿嘿。（2009 年 4 月 15 日荣生希望小学校长访谈记录）

我们在田野调查的过程中，和山丹县教育局基教科的同志算过账，一所规模是 50 人的小学，一年该校的公用经费才 15000 元，如果学校规模超过 50 人还勉强能够维持日常运转，保证冬天的供暖和日常的简单开销，基本没有购置新的教学设施和图书的可能，不可能对学校有任何新的投入；如果规模小于 50 人，学校日常的运转就非常困难了。小学的规模只有超过 120 人的时候，学校才有可能每年有新的投入，学校的教学设备和图书才有可能更新。截至 2008 年 12 月底，山丹全县87所农村小学，100人以下的有64所，占同类学校总数的73.6%，50人以下的小学有41所，占同类学校总数的47.0%，这些学校的财政基本上处于一种困顿的状态，其中很大一部分小学只能勉强维持，根本就谈不上发展。

（二）"微型学校"的困境之二：教师负担重，教学没有激情

一般认为，学校越小，教师的工作应该越轻松，因为所教班级的人数只有十余人甚至几个人，但实际上，这些教师的工作量却与我们的想象有着很大的不同。其原因就在于："麻雀虽小，五脏俱全"，课程要全部开设，课时一节也不能少。但是，这种"微型学校"又不可能配备所有课程的专业教师来任教，这主要是由于"微型学校"的学生数量太少，使得教师教学技能的施展范围受到了限制，使许多非常专业、优秀的教师无法在自己熟悉的课程领域从教，哪门课程需要，教师就得去教哪门课程。因为一所规模大的学校，各科教师基本上在自己的专业领域进行教学工作，而一个只有十余人的小教学点，不可能配备十余位各个学科的专业教师。一个规模大的学校可以提供各种专长的教师，而一个只有三个教师的学校不可能同时满足对科学、音乐、艺术、戏剧，还有其他基本技能以及环境等多学科教学的要求，有些课程因缺乏相应的专业教师而不得不取消。但是，教育行政部门规定，"微型学校"的教学安排要与规模大的成建制学校一模一样，可谓是"规定的课程与课时一个也不能少"。在这种情况下，教学点教师的教学任务量不减反增，因为在难以配备齐全各科教师但又不能不开课的情况下，只有增加已有教师的工作量，加重他们的负担。

新泉小学教学点总共有五位教师，43名学生，四个教学班，负责人王校长承担了四门课，分别是一年级语文，二年级数学，三个年级的音乐课、思想品德课，此外，还负责整个教学点的全部工作。王校长说，他需要备四个学科的教案，因为同一门课不同年级的教学内容是不一样的，需要分别备课，工作量非常大。而最让王校长头疼的是上级教育主管部门的各种会议，如果有一

人去开会，就只剩下四个人，这四个人就必须全天在教室里轮换着上课。从调查的结果来看，教学点教师的工作量异常繁重，每个教师的工作量都是正常小学教师工作量的两倍以上。（2009 年 4 月 15 日新泉小学老师的访谈记录）

同时，由于这些"微型学校"每个教学班的班额很小，有些甚至只有几个人，导致教师在日常的教育教学中，感觉没有教学激情。许多教师在这样的学校环境中找不到自己成长的支点，感觉教师职业仅仅是一种迫不得已的谋生手段，生活在一成不变的"静谧自然"环境之中，领着寥寥几个学生在封闭的学校环境中，日复一日、年复一年地重复着"备课—讲课—批改作业"的工作程序，对教师职业和教育生命的怀疑徘徊在脑海里，没有压力也没有动力。这些"微型学校"的教师在长年累月的教育教学中渐渐耗尽了他们的热情，根本没有展现自己生命的权利，也没有教师专业成长的欲望。所以他们中的很多人会通过一些私人关系，想尽一切办法把自己调动到规模较大的城区学校，这样又进一步加剧了农村学校教师的流失，造成农村学校教师缺编现象严重，城区教师人员超编。由于农村学校的学生人数很少，学校里每个班级的班额也就非常的小，目前，山丹县 50 人以下的小学有 41 所，占 47%，农村小学 10 人以下的班级有 122 个，占全县小学班级总数的 21.4%。在这种班额过小的情况下教学，很多教师反映学生太少，课堂教学没有气氛，自己的教学没有激情，学校的教学和育人功能在有些"麻雀校"甚至已经被弱化为"看管功能"。

在这样的"麻雀校"当老师实在是没有什么意思，我们巴寨小学就组织不起来一个教研活动，因为我们学校只有五个老师，没有教研活动，这对教师的专业成长很不利。现在我们的教学负担也是非常重的，我们经常想着，看能不能把教师的负担减下来，一个人教好几门课，备课的任务太重了。学生少了，上课也没有气氛，现在这样的教学点不正规，我自己虽然是河西学院毕业的本科生，但是到了这里以后，觉得自己不正规，像没有上过

大学一样。(2009 年 4 月 15 日巴寨小学老师访谈记录)

　　我还是愿意在完全小学任教，它有利于教师的发展，教学点无法进行教研活动，没有教育科研的氛围。年轻、有上进心的教师还是愿意到完全小学去任教。我们只有五个教师，三个教学班，没有办法进行教研活动啊。(2009 年 4 月 15 日巴寨小学老师访谈记录)

　　自从去年秋上把我们学校的二、三、四三个年级合并到大马营中心小学之后，现在圈沟小学只剩下一年级 3 个娃子和半年级 2 个娃子，我们有两个老师，每天就是把娃子们集中起来上课写作业，刮风下雨我们就放假了。山丹县教育局的基教科梁主任开玩笑地和我们两个人说，是两个老和尚在庙里带着小和尚修行哩，你看我们哪里像老师，除了国家给我们发工资以外，我们和农民没有任何区别，我们盼望着也能够合并过去，但是一年级娃子太小，不会自己照看自己，寄宿有困难，所以就只能留下了。(2009 年 4 月 15 日圈沟小学老师访谈记录)

图 4 - 4　圈沟小学一年级教室仅有 3 名学生

（三）"微型学校"的困境之三：教育质量低下

由于"微型学校"一般都位于偏远的农村地区，学校的条件比较艰苦，学校规模小，班额小，造成学校财政困难，教师专业成长困难，相对于城区规模较大的学校而言，缺乏对教师队伍的吸引力，从而导致这些农村学校教师流失现象严重。坚守下来的教师绝大多数是原先的民办教师转正的，一般年龄偏大，只有极少数年轻教师是近年毕业分来的大中专学生，对于这样一支年龄偏大、专业化程度不高的民办教师队伍，其教育质量就可想而知了，这给这些学校教育教学质量的提高带来了很大的问题。农村教育要发展，就必须有一支高素质的专业化教师队伍，而目前这些村小和教学点的教师大都是民办教师转正的，不论其学科教学水平还是其专业化程度，相对于中西部农村地区基础教育发展的需求和广大农民群众及其子女对优质教育资源的需求来说，都是不能令人满意的。根据县教育局的统计，山丹县农村小学教师队伍中45岁以上的有476人，占全县小学教师的43%，老龄化问题非常严重，亟须补充大量的年轻教师。由于当地财政能力有限，同时教育系统的编制已经基本满员，造成县域内教师编制非常紧张，虽然近年来有大量的高校毕业生可以充实到教师队伍之中，但是面对老龄化教师队伍的现实，教育管理部门也束手无策，在访谈中，山丹县教育局的唐克宽局长表示对教师老龄化问题非常忧虑。

目前，我们山丹县的教师队伍老龄化问题非常严重，想要趁现在高校毕业生多的情况下对教师队伍进行吐故纳新，改善教师队伍的年龄结构，但是由于编制非常紧张，又不可能让老教师提前退下来，所以这个问题解决起来非常麻烦。如果教师队伍老龄化问题解决不好，教育质量的提高就会遇到很大的麻烦，然而现实情况就让人没有办法。如果教育质量上不去，社会不答应、群众不答应、领导更不答应，在教育质量提高的问题上局里的压力非常大。所以当前学校的布局调整也是我们解决教师队伍老龄化问题的一个办法，学校合并之后，我们就可以让一部分年纪大、教学水平跟不上的老教师退下来，让他们转型成专职的生活教师或者后勤人员，这样就可以减小教师队伍老龄化对教育质量提高的一些阻碍。（2009 年 11 月 24 日山丹县教育局局长访谈记录）

老军乡是焉支山下的一个乡，村子不是在山里就是在山脚下，离县城很远，条件也比较艰苦，大中专毕业的学生没有人愿意到这儿来，所以咱们学校总共有八个教师，都是原先民办教师出身的，一步一步大家就都转正了。现在 45 岁以上的有六个，以下的只有两个，本身学的就不深，对于现在的新教材教起来很困难，看着娃子们学得不好，心里着急着哩。（2009 年 4 月 17 日老军小学校长访谈记录）

这些"微型学校"学校小、班额小，对于教师来说没有监管，更缺乏一种比较，同时学生之间也没有竞争，教师教得好坏没有人监管，学生学得好坏也不重要，完全就是一种"放羊式"的教学。很多教师都是"教书农活双肩挑"，遇上农忙的时候，学校放假，教师回家干农活，教师的责任意识不强，学校的教育教学活动也不正规。同时，由于学生少，公用经费就很少，所以学校的投入严重不足，办学水平低下，其基础设施、师资、教学仪器设备、管理水平都与城区学校存在着巨大的差距，学校教育质量低下。虽然这些村小和教学点曾经在"普九"时期发挥过极为重要的作用，但是在家长和全社会提高教育质量的要求面前，这些"微型学校"的的确确已经不能满足广大人民群众对于优质教育的需求了。

原先娃子们在村里学校上学的时候，学校基本上对老师就没有监管性，把娃子们当羊放哩，农忙的时候学校就放假，好几天不上课，管理不好。一个老师什么课程都带，教得就不能好。娃子们少了也就没有多大的竞争，老师之间也没有竞争性，当时我们看着娃子们学不会，就有了把他（她）转到城里去的想法。（2009 年 11 月 25 日南湾村学生家长访谈记录）

二　广大农民群众及其子女对优质教育资源的需求

我国各地城乡经济社会发展极不平衡，城乡二元结构矛盾突出。当前，教育发展最突出的问题之一是城乡之间、地区之间，甚至同一社区范围内教育发展的不均衡。这种不均衡一方面体现在各级各类教育的普及率上；另一方面，更重要的是教育质量的差异。农村中小学虽然通过了国家的"两基"验收，办学条件有了较大幅度的改善，但无论是在办学条件还是在师资水平和教育教学质量方面农村中小学都无法与城市学校相比。

随着我国农村人口出生率的下降和农村地区城市化的快速推进，家长的教育观念发生了根本性的变化，从以前"政府要我读"转变为"我要读书""我要读好书"，农民群众及其子女对优质教育的需求也日益迫切，农村学生希望能够接受优质教育。但是由于长期以来我国不少农村地区中小学布局分散，办学条件差，学校和班级规模普遍较小，复式班过多，教师负担重，教学质量差，难以满足广大农民群众及其子女对优质教育资源的需求，加之政府对优质教育资源供给能力的有限性，使得政府希望通过对农村学校布局结构的调整，各地将有限的教育资源集中使用，从而优化教育资源配置，避免分散办学时普遍存在的教育资源利用效率低下的问题，提高教育的质量效益。因此，在中西部一些优质教育资源短缺的地区，教育行政部门开始大力调整农村学校布局，迅速撤并那些规模小、质量低、效益差的初高中，希望通过扩大学校规模的办法将各地有限的优质教育资源集中起来，有效改善办学条件、优化师资队伍，从而促进教育教学质量的显著提高，满足广大农民群众及其子女对优质教育资源的需求。像山丹县这样的西部农业贫困县，也同样存在着优质教育资源稀缺的问题，农村中小学虽然通过了国家的"两基"验收，办学条件比以前有了较大幅度的改善，但是与县城学校相比，在师资、教育教学质量方面相差甚远，可以毫不客气地说，当地的优质教育资源基本上集中在城区。教育质量低下的农村学校不但对于教师缺乏吸引力，同样对于广大农民群众及其子女而言也是没有吸引力的。

我们的村学给人的感觉是学校不正规，我虽然是河西学院毕业的本科生，但到了这里，觉得即便是我们很认真地尽自己的所能给学生教课，学校的教学质量还是和县城的没法比，因为村学各方面都不行。（2009 年 4 月 15 日巴寨小学教师访谈记录）

村里也有学校哩，但是娃子们书念不下，现在国家政策这么好，温总理都让娃子们上学不要钱了，要是娃子们没文化，以后还是得和我们一样到煤矿、石棉矿上打工去，所以想看看能不能把我们的娃子和丫头送到城里去上学，咱村的学校就是娃子们玩耍的地方，书是念不下去的。（2009 年 11 月 25 日老军小学学生家长访谈记录）

经过改革开放 30 多年，农民群众的收入有了较大的提高，生活水平得到了改善，"让孩子读好书、有出息"成为每一个学生家长的希望。但是，就目前农村优质教育资源稀缺的现实而言，这就给广大农民群众带来了很多麻烦。所以有很多学生的家长举全家之力，宁可在县城买房租房，也要把子女送到县城去读书，而且这种家长送子女进城就读很快形成了一股热潮。山丹县教育局基教科的梁积功科长告诉我，前几年就有很多农村学生要求从原先的农村学校转到县城的学校，尤其是 2007 年 9 月教育部颁布的《中小学生学籍信息化管理基本信息规范》明确规定，每个适龄儿童，在全国任何实施义务教育的学校都可以入学接受教育。而且从 2008 年秋季开始，全国范围内全部免除义务教育阶段学生的学杂费。在山丹县，农村中小学生在城市接受义务教育，也按规定享受"两免一补"政策，由政府统一承担学杂费。免费政策的实施更加坚定了学生家长的决心，把自己的子女送到城区学校就读。这样一来，从 2008 年秋季开始就有大量的学生进城就读，现在要求转学的农村学生很多，简直就没有办法应付这一问题。城区学校的容量也是有限的，尽量进行了扩建，然而所有学校都存在大班额的问题。教育局看到这种情况，实在没有办法了，于是就出台了一个《山丹县教体局关于规范城区学校招生管理暂行办法》来限制进城就读学生的数量。

　　咱们村里的村学怎么和县城的学校比，你看我们的学校老师怎么和人家学校的老师比，咱们村的老师都是附近几个村的农民，后来成为社请老师，干的时间长了，就转正成了国家的人了。你说，娃子们在这样的学校念书能念好吗？如果不是和县城的学校差得太远，谁愿意把自己家那么小的娃子送到县城去。娃子小，自己不能照看自己，我就和他奶奶两个换着在这里给他做饭，家里还要有人照看，他爸出门到敦煌打工去了，家里忙得了不得，但是没有一点办法，娃子可不能像我们一样念不成书，为了他能念好书，就要选择教育质量最好的学校，家里多花一些钱我们也愿意哩。（2009 年 4 月 16 日山丹县侯山村家长访谈记录）

　　可见，城乡教育发展的不均衡导致城区学校和农村学校教育质量的差异过大，农村中小学教育不能很好地满足农民群众日益增长的对优质教育资源的强烈需求，农村学生流向条件较好的城镇学校，使部分农村学校教育资源不能很好地发挥作用，教育质量与办学效益不高。进行学校布局调整，是优化教育资源配置，提高资源使用效益的重要途径。因此，做好中小学布局调整，尽可能地让农民群众子女享受到优质教育是农村教育发展的重要工作。

三　原先"村村办学校"的布局极不合理

　　山丹县的教育历史和整个国家的教育历史是一样的，是整个国家教育历史的一个组成部分。中华人民共和国成立之初，山丹县的文化教育事业还相当落后，当时的山丹县委和县人民政府重视发展教育事业，当地教育进入一个迅速的发展时期。由于山丹县地处西北内陆，县域内山高人稀，学生上学很不方便，所以对于很多孩子来说上学是比较困难的一件事。为保证入学率，"将学校建在贫下中农的家门口"，成为各级地方政府和村级组织的共同选择。十年"文化大革命"时期，由于极"左"路线的肆虐，更是出现了"队队有初中、社社有高中"的局面。但是，当时山丹的学校和同一时期中国很多中西部的农村学校一样，"破庙宇，旧祠堂，几块土砖打垒墙，破桌烂凳坐着读书郎"。即便是这样，义务教育的普及率依然很低，1982年开始在全县范围内普及小学教育，从入学率、巩固率、毕业率、及格率四个方面责成各乡、校努力完成。1986年国家颁布了《义务教育法》，普及义务教育成为社会共识。甘肃省提出在1990年以前全省普及小学义务教育，2000年以前全省基本普及九年制义务教育。由于这一时期人口的迅速膨胀，再加上入学率和"普九"的硬性指标，各地乡镇政府的办学热情被"激发"，"让所有适龄儿童有学上，有书读"成为各级政府的头等大事。

1985年5月，中央作出《关于教育体制改革的决定》，县教育局开始推行以县、乡、村分级办学，县、乡两级管理为中心内容的农村教育管理体制，发动群众集资兴建校舍，改善办学条件，统筹和调整民办教师待遇。以此为契机，国家对教育管理体制进行了改革，开始把原先国家对教育统包统管的"穷国办大教育"的政策转变为分级办学、分级管理。当时的政策是县办高职中、乡办初中、村办小学。"再穷不能穷教育，再苦不能苦孩子"，山丹县全境开始兴起了集资办学的热潮，很多农村的老百姓勒紧裤腰带，省吃俭用办学校，据山丹县教育局的统计，截至1991年5月，山丹县群众共集资240多万元，全部用于教学设施的改善。在"人民教育人民办"的口号声中，山丹县如同当时中国大地上的很多地区一样催生了大量的新校舍，从而形成了村村有小学的布局状况。以山丹县花寨乡为例，九个村就有九个学校，尤其是在以山丹三中（九年一贯制学校）为中心、半径不足1公里的地面上就有四所学校，本来一所学校就可以满足周边学龄儿童上学的需要，但是，在建校时完全没有对学校布点进行科学统筹和规划，出现了村村有小学、乡乡有初中的局面，这种"一村一校"的学校布局状况在学龄人口高峰期的时候确实让人感到"普九"工作的成效，但在今天人口高峰退去，学龄儿童锐减时，我们才看到当时学校布局随意性所带来的问题。

　　在当时"人民教育人民办，办好教育为人民"的口号声中，你看，光在三中（九年一贯制学校）周围就有三所小学（花寨小学、城南小学和城北小学），其实根本就没有必要，因为这几个村的娃子们去山丹三中上学最远也就是两三里路，十分钟就到了，完全可以都到三中上学嘛。"普九"的时候，乡政府看着其他乡镇学校修得多，怕自己受批评，就动员群众到处找钱修学校，就有了现在的"一村一校"景象，如果当时修学校能够有一种计划性（规划），事实上，今天就不会有这么多学校被闲置了。（2009年4月17日山丹县教育局基教科负责人访谈记录）

图4-5 闲置的城南小学被租给工程队放机械

1985年开始的教育体制改革，已经把农村义务教育的管理权下放到了基层的乡镇一级，而各级党政一把手都签订了普及九年制义务教育责任合同书，成为"两基"攻坚工作的第一责任人。"作为教育管理部门的县教育局只有宏观指导的职能，乡镇政府拥有完全的自主权，建校的决定权在乡镇。"当时的分级办学体制导致宏观调控难，对几个村合办小学难以形成共识，对学校的布局根本就没有作任何规划，基本是乡镇政府和村级组织为了"普九"考核达标，自己组织大量募集资金，不惜举债建校，甚至有些村子的村民为了争夺学校而打架、上访。

从县城出发，沿着崎岖的山路行进大约50公里，两个多小时的车程，就是老军乡焦湾村。焦湾村是由上、下焦湾和杨庄三个自然村组成的一个行政村，这三个自然村的位置如同一个几近等边的三角形，两两之间的距离不超过 1000 米，焦湾希望小学就坐落在这三个自然村的正中间，这所小学是用 2005 年县教育局争取到的地震灾后重建资金 40 多万元修建的（由于山丹县处于祁连山地震带，2004 年曾遭受地震）。这所小学有一段颇为传奇的前世今生，在当时给这所小学选址的过程中，三个自然村之间没有办法形成共识，后来由老军乡政府出面，把校址选在三个村的中间，但是因为在此之前焦湾的学校一直是设在上焦湾村的，所以上焦湾村村民就开始集体到老军乡政府上访，认为学校应该修建在上焦湾村。但是，这样其他两个自然村的村民又不愿意，后来三个村为此事发生群殴事件，主管教育的副县长下来协调，遭到村民围攻。由于县政府派交警对运送上焦湾村村民去乡政府上访车辆的阻挡，上焦湾村村民冒雨步行 20 公里到老军乡政府上访。在几方胶着的情况下，上焦湾村村民在 312 国道设卡拦车阻滞交通，结果，当时正逢"神舟五号"飞船运送车队从此通过，情绪激动的村民拦截了"神舟五号"飞船运送车队，一民用车辆与"神舟五号"飞船运送车相撞，造成"神舟五号"飞船某部件被撞坏，民用车辆上的三人因车祸死亡。山丹县政法委紧急出动武警，才将事件平息，后来上焦湾村村民六人被判刑。经历了这次事件之后，焦湾希望小学就修到了现在这个地方。2005 年修建完成时只有 25 个学生，到 2007 年，学校只剩下 21 个孩子，六个年级六个教师，正常的教学活动无法开展。后来随着人口高峰的过去，当地学龄人口持续减少，学校布局开始调整，在县教育局的动员之下，学校整体被搬迁到了距离下焦湾村 6 公里的老军乡政府所在地丰城，并入了广发希望小学。原先的焦湾希望小学的校产，留在了原先的小学，因为焦湾村村民不让教育局把这些校产（桌椅、板凳）搬到其他地方，有两次因为广发希望小学桌凳缺乏而派人来拉，结果都被村民赶跑了。

学校在家门口当然好，娃子们上学方便，我们也少了很多麻烦，但是村里的教师都是"三无教师（无学历、无文凭、无水平）"，我们村的好几个老师上学的时候还没有我的学习好哩，让他们教我们的娃子，觉得确实不放心。我们是由于时代的原因没念好书，娃子们可不敢再耽误了，所以公家动员我们把村上的学校搬到中心校，我们觉得也没有什么。（2009 年 11 月 17 日上焦湾家长周国民①的访谈记录）

图 4 - 6　焦湾希望小学如今大门紧锁，空无一人

四　教育行政部门对规模效益的追求

长期以来，在我国经济发展水平、人口分布状况等因素的限制下，为了加快实现普及教育的目标，我国农村学校的布局基本上采取依人口的分布状况简单建校或设点的办法。为了解决山区、偏远地区和人口稀少地区儿童的入学问题，各地还建立了大量的教学点即所谓的单、双人校。随着学龄人口高峰退去，很多农村学校生源急剧减少，原先的学校布局分散的弊端开始显现出来，出现了学校教育教学设施和师资力量的闲置，造成了教育资源的浪费。20 世纪 90 年代中后期，我国开始了农村税费改革，税费改革开展之后，随着教育附加费以及教育集资等的废除，县乡财政收入减少，资金投入出现"空档"，导致农村义务教育投入普遍减少。各级地方政府财政压力增大，县及县以上政府希望通过农村中小学布局调整，提高资源利用效率，减轻财政压力。2001 年我国开始实行"以县为主"的教育财政和管

---

①　上焦湾学生家长周国民就是当年在 312 国道拦截"神舟五号"飞船运送车队的主要肇事者，后被判刑的周家三兄弟之一。

理体制，"以县为主"的体制实质上是将义务教育的投入责任以及重要的人事管理责任由乡级政府交给县级政府。这一体制的确立无疑给县级政府和教育部门带来了相当大的压力，相当一部分县，特别是中西部地区以农业为主的县所长期存在的财政能力薄弱问题更加凸显。因此，为解决这一问题，各级政府尤其是县级政府对效益的追求就成为农村中小学布局调整的初始动力。

学校布局调整以前校点的设置过于分散，导致教育资源的利用效率不高。任何一个学校都要按照要求投入，比如说调整前的清泉镇郑庄小学只有 7 个学生，但是"麻雀虽小，五脏俱全"，投入和大些的学校也一模一样，根本就没有效益可言，因为规模实在太小了。如果这样的学校太多，不利于我们山丹全县基础教育的向前发展，因为学校只有在一定规模的时候才能得到发展，才能有一定的效益，从而改善办学条件，提高师资队伍的整体水平，所以提高学校的效益是进行学校布局调整的主要原因之一。（2009 年 4 月 17 日山丹县教育局办公室负责人的访谈记录）

我们山丹县是一个典型的农业县，县内没有什么像样的企业，财政收入薄弱，县上的财政情况说白了就是"吃饭财政"，主要依靠国家的财政拨款给县上的工作人员发工资。农村税费改革后，原先的教育附加和集资都没有了，有一段时间教师工资拖欠非常厉害。到 2006 年以后，国家开始在西部地区实行农村义务教育阶段学生的"两免一补"，实现了义务教育群众办到义务教育政府办的转变，与这种转变相配套的是开始实行"农村义务教育保障新机制"，上头的财政拨款主要是教育事业费拨款和教育基建费拨款。教育事业费拨款包括人员事业费和生均公用经费两种，都是按人员数量定额拨款，人员事业费就是老师的工资，生均公用费则是按照学生数量拨款，这就意味着一个学校学生数量越多拨款就越多。因为县上的财政本来就很紧张，所以就希望能够把分散的校点集中起来，这样规模大了，学校也就能够很好地发展。再说省教育厅已经两次在全省基础教育工作会议上，对全省的学校布局调整工作展开部署了，我们认为，学校非合并不可。（2009 年 11 月 17 日山丹县教育局副局长的访谈记录）

通过学校布局结构调整，整合、合理配置公共教育资源，提高教育资源的配置效率，使有限的教育资源效益得到最大的发挥，实现区域（县、市、区）内或更大范围内学校教育的均衡发展，这就成了农村税费改革后各级政府尤其是县级政府在面对财政压力情况下的一种自然选择。从经济学角度看，就是地方政府希望通过扩大学校规模来降低生均成本，从而提高教育效益。希望用尽量少的劳动消耗取得尽量多的有用成果。农村学校布局调整的本意就在于通过扩大学校规模，将分散的优质教育资源整合起来，降低生均成本，提高各项资源的使用效率，从而提高农村学校的教育质量。对于地区财政紧张、居住分散的农村地区来说，通过扩大办学规模为全体儿童提供优质的教育资源，确实是提高农村教育质量的有效途径。

新一轮农村学校布局调整开始之后，政府出于优化教育资源配置，促进义务教育均衡发展的考虑，改变了过去人、财、物等资源配置"撒胡椒面"式的做法，将一些分散的、规模过小的中小学和教学点逐步撤并，对分散的教育资源进行适度集中和合理配置，使师资和生源相对集中，以便提高教育资源的利用效率，提高教育质量，缩小校际落差，从而提高农村教育质量，实现区域内的教育均衡发展。山丹县农村中小学布局调整的主要目标是：优化资源配置，提高办学规模与效益，缩小城乡教育差距，全面提高教育质量和办学水平。农村中小学校布局调整要着力改善保留或新建学校的办学条件，优化教育资源配置，提高教育教学质量和办学水平，使农村的孩子享受到与县城孩子一样的优质教育资源。通过布局调整，逐步在农村形成以寄宿制完全小学为主要形式的农村义务教育办学新格局。

五　农村地区基础教育发展的要求
党的十七大为新时期的中国教育发展指明了方向。十七大报告指出，深入贯彻落实科学发展观，要着力把握好发展规律，创新发展理念，转变发展方式，提高发展质量，实现又快又好的发展。教育发展要实现与社会发展同步，以更好地服务社会、服务人民群众，同样要转变教育发展方式，要由一定历史阶段的"又快又好"发展转向新时期的"又好又快"发展。在我国初步解决基础教育普及率之后，必须将重点转移到教育质量上，因此，国家的政策不仅是解决学校校舍、教材、教师的问题，而且要通过提升农村教育的质量来促使学校提供优质的教育服务。实现教育公平，促进教育均衡发展，全面提高农村教育质量已成为全社会的普遍呼声，不管是媒体还是政府均认为，扩大农村学校规模，提高教育资源利用率是促进教育资源合理配置，提高教育办学效益的重要举措。提高国民素质的目标不仅要通过普及九年制义务教育的人口数量来实现，也要通过全面提高教育质量来实现。享受优质教育已经成为家庭、社会和国家对教育的新需求。全面提高农村教育质量，不仅是新时期国家和社会发展对教育的新要求，也是广大人民群众对教育寄予的新希望。在这一社会背景下，农村地区基础教育改革与发展日益成为我国教育的战略重点。

农村学校布局调整正是政府运用公共教育政策来提高农村教育质量的一种方式。在农村学校布局调整政策实施的过程中，政府通过各种配套措施来推进农村地区中小学建设。随着农村义务教育阶段生源的持续减少，以及农村孩子为追求优质教育资源向城市的合理流动，一些农村地区、边远山区的学校办学规模持续下降，教学活动难以正常进行。通过撤点、并校、建立寄宿制学校等措施，一些边远山区的教学点和办学规模较小、质量效益不明显的学校得到合理撤并，学生适当向县镇和中心校集中，使教育资源得到优化配置，师资力量得到加强，办学条件有所改善，办学质量和规模效益有所提高。这从根本上改变了过去按人口状况和行政区划状况设点办学、乡乡办初中、村村有小学的格局；同时使学校的服务覆盖半径、服务功能大大提高，促进了义务教育的巩固和提高。农村学校布局调整是建设和谐社会进程中政府对农村地区和弱势群体关注的集中体现。通过合理的布局结构调整，重点建设一批农村优质教育学校，使其教育条件、师资力量、教育质量都能得到大幅度改善，尽量缩小校际差距，从而提高农村学校的教育教学质量，最大限度地为每一位农民子女提供充分受教育的机会，最大限度地满足农民群众对优质教育资源的需求，最大限度地关心、支持、帮助农民子弟成才，这样才能最大限度地为国家输送高质量、高素质的各类建设人才。只有全面提高农村人口的质量，才能真正提高全民族的素质。

进入 21 世纪之后，中国教育进入了一个由数量解决向质量提升的过渡时期，农村学校的教育质量更是成了关乎整个国家教育质量、教育均衡发展的大事。全面提高基础教育质量的重点和难点不在城市而在农村，不在重点校而在薄弱校。农村学校布局调整可合理优化教育资源配置，落实国家的倾斜政策。在现阶段，义务教育发展最为有效的措施来自国家和政府的政策倾斜，即政府改变过去人、财、物等资源配置向发达地区、重点学校倾斜的政策，使薄弱地区、薄弱学校能够从政府获得比发达地区、重点学校更多的资源以及优惠政策，把忽视农村教育发展的政策转为优先向农村地区弱势群体倾斜的政策。布局调整是在对农村各个区域和各个学校的教育状况进行周详论证的基础上对教育资源进行合理的规划和整合，以确定资源投入的流向和规模，是国家和政府在建设和谐社会背景下对农村教育发展的"特别关注"。通过布局调整，可以使农村学校的校园建设、师资力量、教育教学设施等方面获得改善和优化，从而为提高农村教育质量，缩小城乡教育差距奠定良好的基础。①

长期以来，农村基础教育问题是困扰各级政府的一个难题。经过全社会多年的努力，"普九"的任务顺利完成，但是不能否认的是农村教育的质量仍然不能让人满意。学校质量上不去社会不答应、上级不答应、家长更不答应，现在开展的学校布局调整就是要通过扩大规模、整合资源的办法来建设一批好的农村学校，提高农

---

① 柳海民等：《布局调整：全面提高农村基础教育质量的有效路径》，《东北师范大学学报》（哲学社会科学版）2008 年第 1 期。

村教育的质量，从更深层次来说就是要实现城乡教育公平、教育均衡发展。（2009 年 4 月 5 日张掖市人大常委会副主任访谈记录）

第四节　山丹县学校布局调整的过程与模式

一　山丹县学校布局调整的过程

综观山丹县近年来开展的新一轮农村学校布局调整和山丹县制定的学校布局调整规划，可以看出，山丹新一轮农村学校布局调整在"政府主导，自上而下"政策的推动之下，逐渐从尝试走向了全面深化。与我国农村学校布局调整的历史相伴随，山丹新一轮农村学校布局调整工作大致可分为两个阶段。

（一）第一阶段（2001—2008 年），农村学校布局调整工作的起始、尝试阶段

从 2001 年起，山丹学校布局调整工作逐年进行。2000 年，全县共有中小学 132 所（不包括马场、农场的 6 所学校），截至 2008 年 12 月底，全县共有中小学 103 所，其中，完全小学 84 所，九年制学校 8 所，独立初中（含小学部）9 所，十二年制学校 1 所，独立高中 1 所。因为厂矿学校是 2006 年交到地方的，也就是说，事实上全县的中小学由 138 所减少到了 103 所，在山丹农村学校布局调整工作的起始、尝试阶段撤并了 35 所学校。因为这一时期不管是山丹农村学龄儿童减少的速度还是城镇化建设的推进，农村人口向城镇集中的速度都不是太快，所以只是小范围、探索性地调整学校布局，没有发生太大的变化。这一阶段山丹县按照甘肃省的统一部署，调整了农村教育布局，取得了初步成效，学校布局渐趋合理，教育资源得到了一定程度的整合。

但是，随着城镇化建设的快速推进，农村人口不断向城镇集中，加之计划生育成效的显现，农村学龄儿童逐年递减，城乡教育布局又出现了新的不均衡。农村中小学布点多、容量小、条件差、效益低，教师难配备，管理难跟进，质量难保障，发展不均衡的矛盾日益突出，严重影响了农村义务教育的健康发展和教育教学质量的提高。针

对这一现实，从 2009 年开始，山丹农村学校布局调整工作进入了全面深化阶段。

（二）第二阶段（2009—2011 年），农村学校布局调整工作全面深化阶段

2008 年 9 月，甘肃省基础教育工作会议在酒泉召开，会议提出了新一轮教育布局调整要以撤点并校为基础，以创办寄宿制中心小学为突破，坚持"高中、初中阶段学校向县城集中，小学向中心乡镇集中，学前教育向中心村集中，新增教育资源向城镇集中"的规模办学思路。依据甘肃省基础教育工作会议精神和本县的情况，山丹县制定了《山丹县学校布局调整规划》。该规划提出，到 2011 年，较大乡镇只保留 2—3 所寄宿制中心小学；中等乡镇只保留两所寄宿制中心小学；人口较少、居住分散、交通不便的小乡镇，保留一所寄宿制学校，形成城乡布局均衡协调，教育资源配置得当，质量效益稳定提高的新的教育布局体系。在布局结构调整后，全县一所高中，两所初级中学，三所九年一贯制学校，七所寄宿制中心小学，六所寄宿制小学，八所完全小学，共 27 所学校。具体为：一所高中：山丹一中；两所初级中学：山丹二中、清泉初级中学；三所九年制学校：南关学校、山丹三中、马场总场中学；七所寄宿制中心小学：东乐小学、位奇小学、李桥小学、霍城小学、马营小学、陈户小学、老军小学；六所寄宿制小学：静安小学、农场小学、芦堡小学、三场小学、二场小学、新河小学；八所完全小学：东街小学、城关小学、山羊堡小学、双桥小学、南湖小学、北湾小学、拾号小学、北滩小学。"一乡一中心、中学进县城"这一教育规划的基本思路就是集中走规模办学的路子，为了配合学校布局调整中全县初中教育资源整合的思路，从 2009 年开始在县城附近投入 3500 万元建设清泉初级中学。全县农村中小学布局结构进一步调整工作从 2009 年开始，各乡（镇）每年均要调整 3—4 个中小学，用三年左右的时间基本上完成全县农村中小学布局结构调整工作，基本改变农村中小学现行的"小而全"办学模式，达到资源共享、规模办学、方便就学、提高效益的目标，实现农村义务教育的均衡发展。全县农村中小学布局结构调整的具体步骤是：

1. 2009 年，清泉初级中学开工建设，年底竣工。东乐乡：把静安学校初中部并入南关学校，把小寨小学并入东乐寄宿制中心小学，把大桥小学、十里堡小学合并到静安学校。清泉镇：把双桥学校初中部、郇庄学校初中部、培校初中部并入南关学校；把郑庄小学、郇庄学校小学部并入北湾小学，实行走读式；把北滩、丰裕两所小学合并，实行走读式。位奇镇：把芦堡学校初中部、农场学校初中部并入南关学校；把四坝、二十里堡小学并入农场寄宿制小学；把汪庄、侯山小学并入芦堡寄宿制小学。李桥乡：把李桥初级中学并入山丹三中；把杨坝、高庙、吴宁、巴寨、河湾、下寨、上寨、周庄、西沟、东沟的小学并入李桥寄宿制中心小学。霍城镇：把泉头、刘庄、上河西的小学并入三场寄宿制小学。马营乡：把窑坡、二马营、夹河的小学并入马营寄宿制中心小学。陈户乡：把刘伏、沙河湾、三十里堡的小学并入新河寄宿制小学。老军乡：把老军初级中学并入清泉初级中学；把希望、老军、李泉、潘庄、焦湾的小学合并到老军寄宿制中心小学。马场：把二场学校初中部并入马场总场学校；把一场、四场小学并入二场寄宿制小学。

2. 2010 年，用全年的时间对全县中小学布局调整加以进一步深化。东乐乡：把东乐初级中学并入清泉初级中学；把西屯、五墩的小学并入东乐寄宿制中心小学。清泉镇：把祁店小学上片并入拾号小学，下片并入静安寄宿制小学。位奇镇：把位奇初级中学并入清泉初级中学；把位奇、永兴、马寨、张湾、柳荫、孙营、朱湾、暖泉的小学并入位奇寄宿制中心小学；把十里堡、高寨的小学并入农场寄宿制小学；把新开小学并入芦堡寄宿制小学。霍城镇：把霍城初级中学、三场学校初中部并入清泉初级中学；把西坡小学并入三场寄宿制小学；把周庄、杜庄、王庄、下河西、上西山、沙沟、新庄的小学并入霍城寄宿制中心小学。陈户乡：把陈户初级中学并入清泉初级中学；把寺沟、山湾、孙营、范营、王城、张庄、谭兆、周坑、崖头、陈户的小学并入陈户寄宿制中心小学。

3. 2011 年，进一步完善全县布局结构调整的善后工作。清泉镇：把南湖小学并入南关学校。霍城镇：把西关小学、东关小学并入霍城寄宿制中心小学。马场：马场总场中学高中部过渡结束。至此，全县农村中小学布局结构调整工作基本结束。

（三）学校布局调整完成之后的新布局

由山丹县《基础教育发展规划》和《学校布局调整规划》可以看出学校布局调整完成之后全县各个乡镇的学校分布状况。下面笔者按照三镇五乡的行政区划对全县 28 所学校的布局和它们的服务区域合理与否作一全面的描述。

1. 山丹县城

山丹县在整个学校布局调整的过程中，坚持了"高中、初中阶段学校向县城集中，组建新的寄宿制巨型中学"的规模办学原则。在 2008 年甘肃基础教育会议结束以后，按照这次会议精神，张掖市教育局多次召开会议，研究全市学校布局结构调整的具体实施步骤，并出台了《关于进一步加快农村学校布局结构调整的指导意见》。根据该意见关于"农村 500 人以下的初级中学、100 人以下的小学不再保留"的精神，山丹县决定在城区选址，新建清泉初级中学，把全县的农村初级中学全部合并到县城。也就是说，到 2011 年，清泉初级中学建成之后，除了山丹三中初中部和总场中学初中部以外的全县所有初中合并到一起，成立新的清泉初级中学。根据山丹县《学校布局调整规划》，到 2011 年，全县学校布局调整工作完成之后，城区将会出现六所学校的布局，即一所高中（山丹一中），两所初级中学（山丹二中、清泉初级中学），一所九年制学校（南关学校），两所完全小学（东街小学、城关小学）。

2. 东乐乡

东乐乡位于山丹县的西北部，学校布局调整完成之后，全乡变成了三所学校的布局状况，这三所学校分别为东乐寄宿制中心小学、静安寄宿制小学、山羊堡小学。东乐寄宿制中心小学由原来的东乐中心小学、西屯小学、大寨小学、小寨小学、五墩小学合并而成，校舍就在原先东乐中心小学的基础之上扩建而成。静安寄宿制小学由原来的静安学校、十里铺小学、大桥寨小学等合并而成，校址就在原先的静安学校，因为静安学校是九年制学校，所以学校不存在扩建问题，只是要解决好寄宿学生的住宿即可。山羊堡小学是一所移民小学，所以被保留了下来。

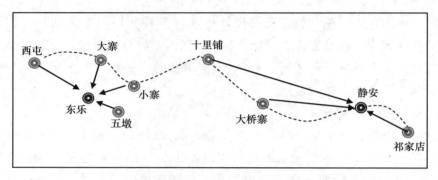

图 4 - 7　东乐乡学校布局调整示意图

3. 清泉镇

清泉镇是 2005 年乡镇行政区划调整时，由原城关镇、红寺湖乡和清泉镇合并而成，将山丹县城环绕起来，全镇都有公交系统，交通比较便利。到 2011 年，学校布局调整完成之后，清泉镇出现了一所初中五所小学的学校布局，一所初中就是为了配合全县农村初中学校布局调整工作而修建的清泉初级中学，设计规模为 3000 人左右。修建完成之后将会撤并东乐初级中学、老军初级中学、位奇初级中学、霍城初级中学、三场学校初中部、陈户初级中学，由其组合成清泉初级中学，从而实现全县初中教育资源的整合。五所小学是农场寄宿制小学、双桥小学、北湾小学、拾号小学、北滩小学。农场寄宿制小学是由原农场小学和四坝、二十里堡小学合并而成的；双桥小学是由原双桥小学、清泉小学、南湾小学于 2008 年合并而成的，实行校车接送模式；北湾小学是由原北湾小学、郑庄小学、郇庄小学等合并而成的；北滩、丰裕两所小学合并成北滩小学，实行一餐走读模式。

目前，全县共有初中生 7795 人，小学生 13683 人，0—6 周岁学龄前儿童 9526 人。从这一组数据可以看出，学龄儿童上学高峰即将过去。也就是说，六年后，我县小学在校学生人数只有

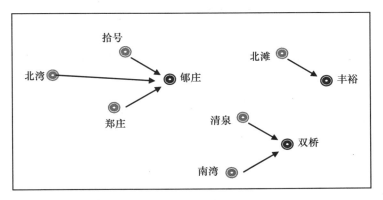

图 4 - 8 清泉镇学校布局调整示意图

9526 人，比现在减少 4157 人，初中学生人数也会随之减少。可以预见，农村小学、初中的办学规模在今后将进一步萎缩。要彻底解决我县农村学校布点多，规模小的弊端，新建清泉初级中学就显得尤为必要。这样既可避免因分散修建校舍而造成有限教育资金投入的浪费，也是贯彻落实科学发展观的具体体现。清泉初级中学的办学规模初步设定招收学生 2500 名左右。加上山丹二中招收学生 2800 名，霍城初级中学 740 名，陈户初级中学 800 名，山丹三中 600 人，总场中学 600 人，合计 8040 人，完全可以满足我县初中适龄少年的入学要求。（山丹县教育局基教科负责人访谈记录）

4. 位奇镇

位奇镇在山丹县学校布局调整过程中是根据人口居住的区域按照东西划片的方式进行集中的，布局调整完成之后全镇只保留两所学校即东片一所西片一所，东片将汪庄小学和新开小学合并到芦堡学校，与芦堡学校的小学部组成芦堡寄宿制小学（原芦堡学校中学部合并到清泉初级中学），西片将永兴小学、马寨小学、柳荫小学、朱湾小学、暖泉小学、侯山小学、孙营小学、张湾小学与位奇小学合并到位奇镇镇政府所在地，在撤并掉的原位奇初级中学的校内修建位奇寄宿制中心小学。

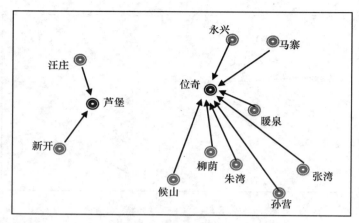

图4-9　位奇镇学校布局调整示意图

5. 陈户乡

陈户乡在山丹县学校布局调整过程中，根据人口居住的区域把整个陈户乡分成上下两片进行撤点并校，上片以新河小学为中心将三十里铺小学、刘富小学、沙河湾小学等集中起来，合并成新的新河寄宿制小学。下片以陈户乡乡政府所在地的陈户小学为中心将王城小学、崖头小学、张庄小学、周坑小学、范营小学、孙营小学、山湾小学、寺沟小学、谭兆小学集中起来，在撤并掉的原陈户初级中学的校址上修建陈户寄宿制中心小学。

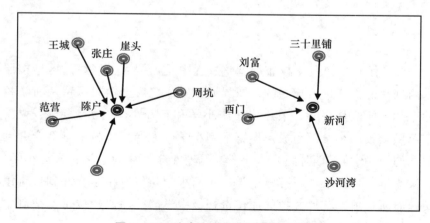

图4-10　陈户乡学校布局调整示意图

6. 霍城镇

霍城镇位于山丹县境的南部，土质肥沃、水资源较丰富，是山丹县主要的农业区。这一地区的人口相对于其他乡镇而言较为密集。在《山丹县学校布局调整规划》中，霍城镇的调整办法是将霍城初级中学撤掉，合并到清泉初级中学，这样霍城镇就不设初中；全镇的小学以原先的霍城中心小学为中心将分布在各个村落的小学集中起来，在撤并掉的原霍城初级中学校园基础上修建霍城寄宿制中心小学。从规划中可以看出将

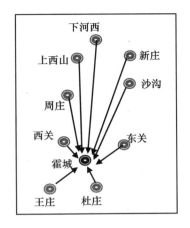

图 4-11　霍城镇学校布局
调整示意图

撤并周庄小学、杜庄小学、王庄小学、下河西小学、上西山小学、沙沟小学、新庄小学、西关小学、东关小学，组成新的霍城寄宿制中心小学，因为泉头小学、刘庄小学、上河西小学、西坡小学这四所小学距离军马场三场小学很近，所以被并入三场寄宿制小学，这样整个霍城镇在 2011 年以后就只有一所寄宿制中心小学。

7. 李桥乡

李桥乡与霍城镇相邻，也是人口居住集中的农业区。按照《山丹县学校布局调整规划》，李桥初级中学将被撤掉，合并入山丹三中，这样李桥乡以后就不设初中，全乡的初中生进入山丹三中上学；全乡的小学以原先的李桥初级中学为中心进行合并，将原先分布在全乡不同村庄的小学集中起来，在李桥初级中学校园基础上修建李桥寄宿制中心小学。这样，到 2011 年学校布局调整完成之后，李桥乡只

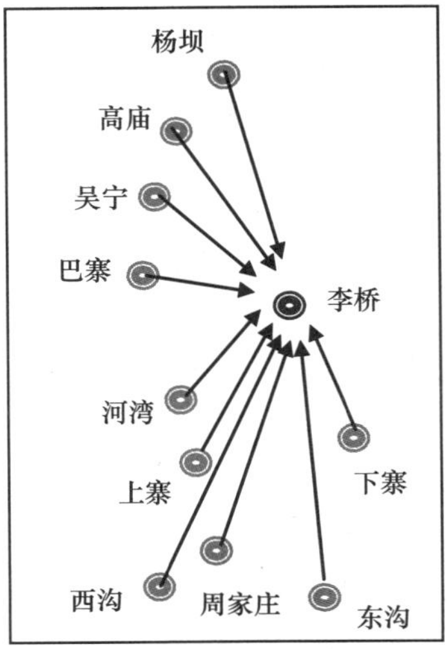

图 4-12　李桥乡学校布局
调整示意图

保留一所寄宿制中心小学，原来的杨坝小学、高庙小学、吴宁小学、巴寨小学、河湾小学、下寨小学、上寨小学、周家庄小学、西沟小学、东沟小学将被撤掉。这一学校布局调整规划完全是按照甘肃省基础教育工作酒泉会议精神，在学校布局调整中把初中集中设在县城，乡镇只保留一所寄宿制小学。

8. 大马营乡

大马营乡地处山丹县高寒半湿润区，村庄、田畴多沿焉支山南坡，马营河两岸分布，人口居住较为分散。2005年，乡镇行政区划调整时，山丹县政府将原先的花寨乡并入大马营乡，组成了现在的大马营乡，因为九年制的山丹三中是设立在原花寨乡的，所以调整之后山丹三中就是大马营乡所属的学校。由于大马营乡的人口居住和地形特点，该乡的学校布局调整在整个山丹县是最先进行的，以原先乡镇合并前的大马营乡和花寨乡分界线的新泉村和夹河村中间为界，新泉村以北的学校以山丹三中为中心进行集中，夹河村以南的学校以原大马营乡马营小学为中心进行集中。这样大马营乡学校布局调整，事实上就是按照原先乡镇划开的区域被集中到了山丹三中和马营寄宿制中心小学。到2011年，学校布局调整完成之后，大马营乡出现了只有两所学校的布局。

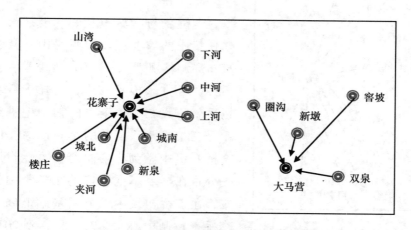

图4-13 大马营乡学校布局调整示意图

9. 老军乡

老军乡地处山丹县东部的焉支山区，村庄、人口沿着焉支山北麓呈扇形分布，在山丹县学校布局调整规划中，老军乡因为没有办法划片集中，所以调整办法就是在老军乡不设初中，将全乡所有的小学都集中到老军乡乡政府所在地丰城，在并入清泉初级中学的原老军乡初级中学校园基础上建成老军寄宿制中心小学。也就是说，把原先分布在各个村庄的老军小学、李泉学校、潘庄小学、焦湾小学、羊户口小学与丰城的广发希望小学合并成立新的老军寄宿制中心小学。这样，到 2011 年学校布局调整完成之后，老军乡就出现了初中并入县城初中，一个乡镇只有一所寄宿制中心小学的"一乡一中心、中学进县城"的学校布局。

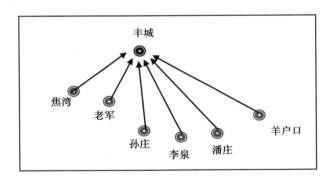

图 4-14　老军乡学校布局调整示意图

10. 山丹军马场区

山丹军马场区位于山丹县的南部，占地面积广阔，人口居住分散，改制前一直隶属于军队，2001 年改制后隶属于中牧公司，成为地方农牧企业。在这样的背景下，山丹军马场区的学校在 2001 年之后一直是作为企业学校进行运转的，因为企业效益不好，山丹军马场区的学校曾经一度连教师工资都发不出来，这种状况一直持续到 2006 年国家出台政策，地方企事业单位不办学校，学校才被交到山丹县教育局。所以在新一轮的学校布局调整中，也包括了山丹军马场区的学校。根据山丹县学校布局调整规划，马场总场中学高中部将被合并到山丹一中，马场总场中学部被合并到二场、三场学校初中部，建成九年制学校，一场、四场小学被并入二场寄宿制小学，也就是说，到2011年山丹军马场区将会保留三所学校，即马场总场中学（九年制学校）和二场、三场寄宿制小学。

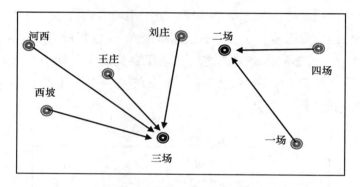

图4-15 马场学区学校布局调整示意图

二 山丹县学校布局调整过程中出现的主要模式

山丹县学校布局调整中，政府运用的主要行政方式是首先将若干规模较小的初中合并或并入其他规模较大的初中，这些被并掉的初中校舍则整体移交给中心小学和那些交通便利、位于人口稠密地区的村校，使得这些学校吸纳村小的能力增强，村小撤并后的校舍则留给幼儿园。从布局调整选择的主要模式来看，大致可以划分为一餐走读模式、校车接送模式、一餐走读与校车接送相结合模式和寄宿制模式。

（一）一餐走读模式

这一模式的具体做法是所有学生都不在学校住宿，早晨学生正常到校，中午在学校吃午饭并进行午休，下午放学之后按时回家，这一模式适用于交通便利、人口居住稠密且学校服务半径相对较小的地区。山丹县清泉镇的北滩小学就采用这一模式，因为这一地区位于县城公交覆盖的地区，同时学校的服务半径相对较小，北滩小学一餐走读模式自实行以来取得了不错的效果，受到了社会各界的好评。

图4-16　北滩小学学生食堂

　　北滩小学服务的是一个长条形地区，服务半径为四公里，学生走路上学比较远。后来我们和县上公交公司协商，给学生乘车实行半价，为了安全起见，每次都有值日老师负责接送。中午所有学生都在学校吃饭，同时学校提供午休的宿舍。好处是：第一，学生能够享受亲情，不用离开父母和自己的家；第二，减轻了我们学校的管理负担；第三，家长们很欢迎，因为家长们一般都是早出晚归干活，这样他们就不用操心娃子的午饭了，同时在学校吃中午饭，还能锻炼娃子们的生活自理能力，所以我们北滩的一餐走读模式是很好的一种学校布局调整办法。（2009年11月17日北滩小学校长访谈记录）

　　在我们的调查中，有很多人口居住密集的地方的校长和教师都希望学校采用这种一餐走读模式，认为这种学校布局调整模式对于学校管理和学生成长都是最好的选择，教育行政部门也认为，这一布局调整模式温和、稳妥，有很强的可行性。比如，在人口相对密集的农业区霍城镇来说，在山丹县学校布局调整规划中，霍城镇的调整办法是在撤并掉的霍城初级中学校园基础上修建霍城寄宿制中心小学，将全镇几乎所有的小学合并从而建立新的霍城寄宿制中心小学。但是，霍城镇在学校布局调整讨论的过程中，家长们不让办寄宿制学校，村委会也不让撤并村上的学校，所以霍城小学的杜校长就提出，在霍城镇划片建立两所一餐走读模式的学校，这样学校布局调整就会顺利地进行，同时也不需要再斥资修建学生寄宿场所。

霍城的学校布局调整，镇上组织村委会和学生家长代表开了好几次会了，但是大家的思想一直不通，家长不让办寄宿制学校，村上也不愿意撤掉村小，我感觉，原因在于目前在霍城办寄宿制学校不太可行。霍城镇是人口居住密集的农业区，交通又非常便利，原先村办小学的格局确实不合理，比如西关小学和东关小学距离不超过1000米，再加上我们霍城中心小学在这么小的区域内就有好几所学校，不合并确实不行，但是一下子要建成寄宿制小学也有很多问题。其实，这个问题解决起来也容易，只要对整个霍城划片，建立两所一餐走读模式的学校就可以了，一方面能够解决现在学校布局不合理的状况，另一方面又能够解决布局调整中的很多矛盾。（2009年4月17日霍城小学校长访谈记录）

（二）校车接送模式

这一模式就是由教育行政部门给学校配备校车，对居住地较远的学生按照上学放学时间进行接送，学校不提供学生的食宿。这一模式适用于交通便利、人口居住分散且学校服务半径相对较大的平原地区，但是校车接送模式的问题在于校车的运行成本较高，会加重教育局的财政负担。目前山丹县清泉镇的双桥小学是全县唯一一个实行校车接送的学校，因为双桥小学服务的地区位于交通便利、人口居住分散的平原地区，学校的服务半径为4.5公里。由于校车接送模式的运行成本较高，而且不断有一些地方的校车出事故，造成政府领导对校车接送模式的恐慌，所以校车接送模式还停留在试点阶段。

图 4 - 17 双桥学校的校车在接送四年级以下的小学生

　　双桥学校的校车接送模式，最早是在清泉镇组织学校和学生家长代表开会，做学校布局调整动员的时候，三方（政府、学校、家长）的思想根本就统一不起来，家长不让撤并村上的学校，害怕孩子住校因年纪太小，会有问题，在好几次开会都没有进展的情况下，三方商量采用校车接送模式进行这一地区的学校布局调整，后来教育局筹集了三十几万元买下了这辆校车，交给学校由学校负责运行。但是，这辆校车给双桥小学带来了很大的经济负担，司机要开工资，校车要烧油，还要进行维修，现在车是新车，所以不需要修，以后恐怕这么一个小学的办公经费养活不起校车。再一个主要是市教育局的领导因为校车的安全问题也对校车接送模式有一些看法，上次市教育局的武赞智副局长来山丹进行学校布局调整工作调研时就说，校车接送模式在各地都是一种不成功的模式，一旦校车出现事故，后果不堪设想，所以对于校车接送模式我们县局也是有顾虑的，双桥小学的校车接送模式只能是现在的无奈之举。（2009 年 11 月 17 日山丹县教育局基教科负责人的访谈记录）

（三）一餐走读与校车接送相结合模式

这种模式是将一餐走读模式和校车接送模式结合起来，由教育行政部门给学校配备校车，用校车对居住较远的学生按照早晨上学和下午放学时间进行接送，中午在学校吃午饭并进行午休。这种模式是在一餐走读模式和校车接送模式的基础上发展起来的，是山丹县东乐学区在学习了其他地区成功经验之后的一个不错创举，结合了两种模式的长处，同时又结合本地实际进行了创新，目前山丹县东乐学区已经开始实行这种模式。东乐乡位于山丹县域的西北部，按照原先的山丹县学校布局调整规划，到2011年学校布局调整完成之后，全乡会变成三所学校的布局状况，这三所学校分别为东乐寄宿制中心小学、静安寄宿制小学、山羊堡小学。但是在教育局、村委会和学生家长三结合讨论撤点并校，建设东乐寄宿制中心小学的过程中，学生家长不让办寄宿制学校。这样原先的布局调整工作没法进行，在这种情况下，县教育局和东乐学区参照一餐走读模式和校车接送模式，提出原来的东乐中心小学、西屯小学、大寨小学、小寨小学、五墩小学合并，建成东乐寄宿制中心小学的计划不变，但是要将东乐寄宿制中心小学的寄宿制取消，采用一餐走读与校车接送相结合模式，因为东乐这一地区交通非常便利，同时合并之后学校的服务半径相对较大，结合家长不愿意办寄宿制学校的现实，采用一餐走读与校车接送相结合模式在这一地区是最为可行的。

图4-18　东乐学区漂亮的校车和干净的食堂

其实，我们早就意识到校点分散，效率低下这个问题了，但是在这个过程中有一个矛盾，那就是如果不合并，村学教学点的教育教学质量不好，如果合并办成寄宿制学校，又会引起亲情缺失的问题。所以说学校布局调整是一个两难的问题，有利有弊，但是总体来看是利大于弊，因此是有条件的，我们要全部合并，只不过在合并的时候要结合当地的实际情况来进行。东乐学区的学校布局调整工作开展得比较迟，在东乐学区的学校布局调整三结合大会上，家长们不同意撤并现有学校，改办寄宿制学校，当时已经有比较成功的北滩小学一餐走读模式和双桥小学的校车接送模式，东乐学区的负责人看到这些经验之后就和学生家长商量采用一餐走读加校车接送模式。家长们都觉得这个办法好，孩子上学不用住宿，同时又能享受优质教育，中午在学校吃一顿饭还不用家长操心，家长们中午可以放心在外面打工，所以一餐走读与校车接送相结合模式受到家长们的欢迎。（2009年11月18日山丹县教育局副局长的访谈记录）

（四）寄宿制办学模式

这一模式适用于交通不便、人口居住分散且学校服务半径很大的山区和牧区。从2000年左右开始，政府提出在中西部农村进行农村中小学校布局调整工作，将农村地区寄宿制学校的建设作为工作的重点。不管是2001年《国务院关于基础教育改革与发展的决定》和2003年全国农村工作会议通过的《国务院关于进一步加强农村教育工作的决定》，还是后来在2004年教育部、国家发展和改革委员会、财政部三部委联合颁布的《西部地区农村寄宿制学校建设工程实施方案》，都提出在农村中小学布局结构调整工作中，要对现有条件较差的寄宿制学校和不具备寄宿条件而有必要实行寄宿制的学校加快改扩建步伐，加强农村地区寄宿制学校的建设。2008年9月，在酒泉召开的甘肃省基础教育工作会议提出新一轮教育布局调整要以撤点并校为基础，以创办寄宿制中小学为突破的思路，加之西北农村地区特殊的山区地形地貌，所以寄宿制办学模式成为甘肃各地区主要推广的学校布局调整模式。

图 4 - 19　山丹县寄宿制办学的窗口——山丹三中

　　山丹县制定的《基础教育发展规划》和《学校布局调整规划》完全是按照甘肃省基础教育工作酒泉会议精神，以撤点并校为基础，以创办寄宿制中小学为突破，坚持"高中、初中阶段学校向县城集中，小学向中心乡镇集中，学前教育向中心村集中，新增教育资源向城镇集中"的规模办学思路展开的，其中尤其突出了寄宿制办学模式的作用，在山丹县三镇五乡28所学校中有20所就是寄宿制学校，其中寄宿制小学就达到了13所，可见，创办寄宿制中小学在整个山丹县的学校布局调整工作中成了突破的主要模式。

　　全县农村中小学布局结构调整后，按甘肃省教职工师生比编制标准：农村小学1:23，县镇小学1:20，我县应配备小学教职工618名；按每50个住宿学生配备1名生活教师，我县农村寄宿制小学约有5600多名学生住宿，需要生活教师112名；学前班教师配备参照小学执行，我县现有学前班儿童2607人，应配备学前班教师115名。小学应配备教职工850名，比现在减少205名。按农村初中1:18，县镇初中1:16的师生比编制标准，应配备初中教职工481名；按每50个住宿学生配备1名生活教师，我县预计有10600多名学生住宿，需要生活教师212名，布局结构调整后，可彻底解决由于学校布点多而引起的教师不足、学科不配套问题。进入新的寄宿制学校的教师通过考试，优化组合，人尽其才，真正使调整后的学校师资力量优于原来的学校。

剩余教师年龄在 45 岁以上的经短期培训后转为生活教师，40 岁以下的青年教师通过离职进修、在岗培训等方式提高其业务素质，经考核业务达标、师德合格者逐年替换退休教师。（2009 年 4 月 17 日山丹县教育局局长访谈记录）

目前，很多地区都把学校布局调整中学校数量的减少和建设农村寄宿制学校作为一项教育政绩在推广，认为在合并学校基础上建立起来的农村寄宿制学校是破解农村教育难题的万应灵丹，似乎农村寄宿制学校就可以解决农村教育中存在的所有问题。我们在对山丹县学校布局调整情况进行田野调查的过程中发现，很多人都对搞一刀切、在所有地区推广寄宿制模式表示了不同看法，认为对于不同地区的不同情况应该区别对待，不应该一刀切地以寄宿制为基础来实行学校布局调整，应该更加温和稳妥地采取多样化的学校布局调整模式。如果单纯从教育效率和规模效益角度出发，撤点并校之后建设的寄宿制学校的确具有较高的教育效率和规模效益。而此次学校布局调整的政策动因就是提高教育效率，实现规模效益，自然，许多地方教育行政管理部门就把建设寄宿制学校作为学校布局调整的最主要模式。然而，对于农村中小学校布局调整模式的选择不单单是政府利益的表达，而应该是村民、家长与政府围绕各自不同的利益相互博弈的结果，应该实现规模效益和公平正义的平衡。各地在学校布局调整实践中具体采用哪种模式，有赖于各地政府对本地实际情况的把握和利益的协调。

第五节　学校布局调整的成效与存在的问题

一　山丹县学校布局调整的显著成效

（一）实现了农村学校的规模效益，学校办学条件得到改善

农村中小学布局调整不仅促进了教育资源的合理配置，而且有利于农村学校形成适度规模，提高学校的规模效益。所谓学校适度规模是指在教育的其他条件不变的情况下，学校拥有恰好可以使所有教育资源得到充分和恰当利用，并在不违背教育规律的前提下，保证培养

规格、教育质量不受影响的合理限额的班级数和学生人数。因此，学校规模是判断和评价农村中小学布局是否合理的主要标准之一。因为在教育资源一定时，如果学校过多、单个学校规模较小，每所学校就无法发挥规模效益，必然导致教育资源的利用效率低下。农村中小学布局调整后，学校数量减少，每所学校可支配的教育资源大大增加，形成了规模效益，其教育资源利用效率得到整体提高。①

　　农村中小学布局调整的具体方式就是撤点并校，把一些教学质量差、生源不足的教学点撤并到中心学校，扩大中心学校规模，对资金、教师以及教学仪器、图书资料等各种教育资源进行集中，改善这些学校的教学条件和教育质量。反映学校规模的指标主要有学校的学生人数和班级数。在学校布局调整工作开展以前，山丹全县 87 所农村小学，100 人以下的有 64 所，占同类学校总数的 73.6%；50 人以下的有 41 所，占全县小学总数的 47%；农村小学 10 人以下的班级有122 个，占农村小学班级数的 21.4%；全县八所九年制学校，规模在400 人以下的有六所，占同类学校的 75%；全县九所初级中学，规模在 600 人以下的有五所，占同类学校的 55.6%。新一轮的布局调整确确实实扩大了农村学校的规模，通过对调整前后全县学校规模的比较，能够明显地看出各级学校校均学生人数的显著增长。同时农村中小学布局调整精简了部分不合格教师，减少了行政管理人员等人力资源投入，使本来就短缺、分散的教育资源，得到了合理的配置和集中并且形成了规模效益。

表 4-5　　　　　山丹县布局调整前后学校规模的变化情况

学校类型	布局调整前（人）	布局调整后（人）
小学校均学生数	157	574
初中校均学生数	459	1559
高中校均学生数	1925	3850

① 范先佐、郭清扬：《我国农村中小学布局调整的成效、问题及对策》，《教育研究》2009 年第 1 期。

在学校布局调整过程中，各地都出台了一些具体的指导原则，其中重要的一条标准就是学校的合理规模。为了整合教育资源，优先发展一批中心学校，必然要对规模过小的学校进行合并，组成一个规模较为合理的中心学校。因为在取消农村教育费附加和"一费制"之后，国家开始实施免费义务教育，学校公用经费来源变成由教育主管部门按照学生的人头拨付义务教育生均公用经费，学生数量的多少决定了学校公用经费的多寡，如果学生数量太少的话，学校的日常运转就会难以为继。鉴于以上原因，学校布局调整着眼于扩大学校规模和班级规模，追求学校规模效益，使得原先"一村一校"时期的学校在生源锐减的情况之下，能够被整合成一些具有适度规模的学校。农村学校布局调整有利于农村学校形成适度规模，提高了学校的规模效益（尤其是中学教育这一块），使得学校的办学条件得以提高，以满足广大农民群众对于优质教育的需求。

原先一村一校分散办学的时候，因为学生少，公用经费的总量很少，一年光烧煤就用得差不多了，更不用说给学校添置一些教学设备，改善教学条件了，几年下来学校借了一些债。自从2007年秋清泉、南湾、双桥三个学校合并之后，我们学校的学生数量由原先的一百多人增加至现在的400人（小学生250人，初中生150人），公用经费总量由原先的3万多元增加到现在的15万元，我把以前的账还了，养活着一辆校车，把原先的烧煤炉子改成了暖气，师生们不用早上自己生火了，还给学校添置了一些新设备、新图书，教学环境明显改善了。如果以后把初中部150个学生合并到清泉初级中学，公用经费总量就会减少一半，校车就养活不了了，所以学校要得到发展，没有一定的规模是绝对不行的。（2009年11月17日双桥学校校长访谈记录）

（二）农村学校布局渐趋合理，优质教育资源得到整合

长期以来，我国不少农村地区中小学布局分散，办学条件差，学校和班级规模普遍较小，复式班过多，教师负担重，教学质量差，难以满

足广大农民群众及其子女对优质教育资源的需求，加之政府对优质教育资源供给能力的有限性，使得政府希望通过农村学校布局结构的调整，各地将有限的教育资源集中使用，从而优化教育资源配置，避免分散办学时普遍存在的教育资源利用效率低下问题，提高教育的质量效益。目前甘肃省山丹县正在通过学校布局的大调整，建设一批好的农村学校，使其教育条件、师资质量都能得到大幅度改善，缩小校际差距，提高农村学校的教育教学质量，最大限度地满足农民群众对优质教育资源的需求，促进农村地区基础教育的发展。在农村学校布局调整过程中，山丹县教育行政部门迅速撤并那些规模小、质量低、效益差的学校，希望通过扩大学校规模的办法将分散在各地的有限的优质教育资源集中起来，有效地改善办学条件，优化师资队伍，从而促进教育教学质量的显著提高。在农村学校数量减少的同时，县域内农村学校布局逐渐趋向合理，原先分散在各个校点的优质教育资源被整合到了在合并学校基础上建立起来的中心校，提高了教育资源的配置效率，使有限的教育资源发挥出了最大效益。这样可以让农村学生享受到和城里人一样的优质、全面的教育。通过扩大学校规模，提高教育资源利用率，从而降低生均成本，提高学校的运行效率，进而实现规模效益。

山丹县在学校布局调整之前，农村中小学存在着布局分散，校点过多且布点不合理，学校规模过小等问题。由于教育资源的投入具有整体性和不可分割性，学校无论规模大小，都要有校舍建筑和教学设备等固定资本投入，都要有教师、行政管理人员等人力资源投入，所以过于分散的学校布局就存在着教育资源利用效率低下的问题，本来就短缺的资源过于分散，则难以合理配置和形成规模效益。新一轮农村学校布局调整开始之后，山丹县教育行政部门出于优化教育资源配置，促进义务教育均衡发展的考虑，改变了过去人、财、物等资源配置"撒胡椒面"式的做法，将一些分散的、规模过小的中小学和教学点逐步撤并，对分散的教育资源进行适度集中和合理配置，使师资和生源相对集中，避免了过去分散办学时普遍存在的教育资源利用效率低下的问题，提高了教育资源的利用效率，提高了教育质量，缩小了校际差距，实现了区域内的教育均衡发展。对分散的优质教育资源进行整合，将优质教育资源集中到中心学校，可以使这些农村学校的校园建设、师资力量、教育教学设施诸多方面获得改善和优化，从而提高农村教育质量，实现城乡教育均衡发展。事实上，通过农村学校布局调整，实现合并后学校的适度规模，可以让农村学校的学生有机会享受到更多的优质教育资源。以前文提到的山丹县花寨乡为例，原先九个村就有九所学校，经过学校布局调整之后只剩下山丹三中，现在的校点可以说基本上趋于合理（因为有一部分学生上学较远的问题没有解决好）。山丹三中的教育质量确实远高于原先各村的小学，这一点是学生和家长有目共睹的。

　　我们俩原先是新泉小学的学生，前年在我们四年级时被合并到了三中（九年一贯制学校），现在教室里有多媒体和广播，教室里也有暖气，不用自己生火，现在的条件比我们村上的学校好得多，老师教得也好，音乐课和体育课也开始上了，前几天学校还组织运动会哩，我觉得还是现在的学校好。（2009 年 11 月 18日山丹县三中学生访谈记录）

　　学校布点过于分散的话，学校经费就没有办法，教研活动也没有办法开展，课堂教学质量也没有办法提高。比如说信息技术教学，如果学校太小，学生人数太少的话，网络就没有办法开通，因为根本就缴不起费用，同时像英语、音乐、美术等科目也没有专业的教师来教，合并之后形成了规模，这些问题就都解决了。教育资源的利用率提高，分散在各个学校的优质教育资源就可以被整合到一处。（2009 年 11 月 15 日山丹县教育局基教科负责人访谈记录）

（三）促进了区域内教育的均衡发展

追求义务教育的均衡发展是近年来我国政府一直致力的目标，是建设社会主义和谐社会，促进社会公平正义的重要方面。教育均衡发展的最基本要求是在教育机构和教育群体之间，公平地配置教育资源，达到教育需求与教育供给的相对均衡。但是，由于我国各地城乡经济、社会发展极不平衡，城乡二元结构矛盾突出，教育发展最突出的问题之一是在城乡之间、地区之间，甚至在同一社区范围内教育发展的不均衡。这种不均衡一方面体现在各级各类教育的普及率上；另一方面，也是更重要的，则是教育质量的差异。农村中小学虽然通过了国家的"两基"验收，办学条件有了较大幅度的改善，但无论是办学条件还是师资水平抑或是教育教学质量，农村中小学都无法与城市学校相比。通过学校布局结构调整，整合教育资源，合理配置好公共教育资源，提高教育资源的配置效率，使有限的教育资源效益得到最大限度的发挥，实现区域（县、市、区）内或更大范围内学校教育的均衡发展。

由于我国农村教育投入管理体制的一个重要特点就是"省级统筹、以县为主"，县级政府负有组织实施义务教育方面的主要责任，包括统筹管理教育经费，调配和管理中小学校长和教师，指导中小学教育教学工作等。因此，虽然一个县域内各乡镇的经济发展程度有差别，但由于县级政府有权对全县的教育经费进行统筹安排，有权对全县的教育资源进行合理布局和调整，这对促进县域、乡域的教育均衡发展有着十分积极的意义。通过对甘肃省山丹县学校布局调整工作的田野调查我们发现，经过几年的努力，农村中小学布局调整工作已经取得明显成效，初步解决了农村中小学校布局中所存在的"数量多规模小"的问题，通过布局调整，教育资源的配置逐渐趋向合理，学校的规模效益和教育质量也得到了提高，区域内校际差距明显缩小，城乡教育都得到了较大发展，确实促进了区域内的教育均衡发展。农村中小学布局调整以后，一些基础设施较好、教学质量较高的农村中心校，由于投入加大、资源集中，其办学条件在当地农村学校处于一流水平，其基础设施、师资、教学仪器设备、管理水平等也朝着与城镇水平差距不大的方向发展，在这样的情况下，农村学龄儿童可就近接受高质量、高水平的教育。从长远来看，对缩小区域内、城乡之间的教育差距，对推进区域内、城乡间的教育均衡起到了积极作用。布局调整对于推动县域、乡域之间的教育均衡起了积极作用。

双桥学校在经过学校布局调整之后，公用经费增加了许多，学校的投入一下子就加大了。现在学校的多媒体教学、校园网络都有了，管理水平也提高了。可以说，双桥学校无论是基础设施还是教师队伍，都和县城的东街小学、南关小学、北关小学差不多了，我们和城区学校的差距大大缩小了。（2009 年 11 月 17 日双桥学校校长访谈记录）

以前乡下的学校和城区的东街小学、城关小学、南关小学根本就不在一个档次上，经过近几年的学校布局调整，整合了一些分散的教育资源，改变了原先到处下毛毛雨的投入办法，对合并后的中心校进行了很好的建设，比如加大投入、加强校园基础设施建设、加强师资队伍建设等，这两年这些中心校发展得非常快，有些学校的教学质量已经快要赶上我们这几所城区学校了。（2009 年 11 月 20 日山丹县东街小学教导主任访谈记录）

(四) 提高了农村学校的教育教学质量

教育的根本问题是教师问题，提高农村学校教育教学质量的关键在教师。没有一支数量充足、素质优良和结构合理的教师队伍，就谈不上农村基础教育质量的提高。农村中小学布局调整前，很多学校尤其是村小规模过小，部分学校只能开语数两门课程，其他的课程则由语数老师兼任，有些甚至是包班上课，缺少专职的英、音、体、美和计算机老师，师资呈现出严重的结构性短缺，教学质量难以保证。农村中小学布局调整以后，一些规模小的学校和教学点被撤并以后，各地将有限的教育资源集中使用，从而优化了教育资源配置，避免了分散办学时普遍存在的教师短缺问题，提高了教师队伍的整体素质，并且通过教师队伍的优化组合，使得各门学科基本上都有了专职教师，同时教师培训和交流学习的机会增加，有利于教师个人的发展和整体素质的提高。布局调整为加强农村教师之间的沟通和交流提供了契机。以前农村地区大量存在的"一村一校"，一个学校只有很少几个教师，有的教师在山区教了几十年书，基本就没有与其他教师交流的机会。布局调整后，他们有了到中心学校或完全小学教书的机会，与别的教师能够更多地交流，同时自身的生活质量也得到了提高。在访谈中，有教育行政人员指出，合并后教师们互相之间有了竞争，有利于提高教学水平。因此，布局调整对于农村中小学师资队伍的优化和素质的提高具有积极作用。农村中小学布局调整之所以能促进农村学校教育质量的提高，除了布局调整后教育资源得到了合理配置，办学条件得到改善之外，还有教师的责任心增强了。布局调整后由于清退了大量民办教师，改变了以往农村教师"教书农活双肩挑"的局面，教师能更专心于教学工作，家长和学生也都看到了合并之后学校的变化。

以前学校的条件很差，教师们也没有教研活动，合并以后，教师之间、学科小组内部都进行相互学习，水平有了很大提高，走这种规模办学的路子事实上是优质教育发展的需要。一年前刚合并的时候我们全校进行考试，原先村小教学点的学生很多人都不及格。一年之后考试，双桥学校学生的成绩成整个清泉学区第一名，所以合并前后教育质量真是发生了巨大的变化。（2009 年11 月 17 日双桥学校校长访谈记录）

学校布局调整的确可以促进教师队伍专业化、师资队伍优化，原先在村上学校的时候，教的科目多，教不了也教不好，合并过来以后，可以专心教自己所带的那一门课。同时教学设施的变化也比较大和以前的村小没有办法相比，班级人数多了，上课也就有气氛了，学校的教学资源得到了充分使用。虽然合并过来之后工作压力加大了，但是这边的管理和教学质量确实比村小要强多了。（2009 年 4 月 20 日新河小学教师访谈记录）

学校布局调整以后，小规模学校的学生被撤并到大规模的学校，可以享受到更好的学习条件。从这个角度看，学校布局调整为家住偏远地区的孩子接受优质教育创造了条件。学生到规模较大、条件较好的学校学习，能够接受较为优质的教育，因为这些学校的师资配备大多较为合理，教学设备比较完备，教学管理也比较规

范。(2009 年 4 月 17 日山丹县教育局基教科负责人访谈记录)

学校没合并的时候，老师什么课都带，教得就不能好。娃子们人少，也就没有多大的竞争，老师之间也没有竞争性。现在合并了，学生多了，相互之间就有了竞争性，老师们在一起人多了，也就有了竞争性。教英语的就专门教英语、教数学的就专门教数学，学生学得就比以前好了。只要学校把娃子们培养成人才，我们家长就觉得好。(2009 年 11 月 17 日南湾村学生家长访谈记录)

学校合并之后学校的教学质量有提高哩，原先娃子们在村里学校上学的时候，学校基本上就对老师没有监管性，把娃子们当羊放哩，农忙的时候学校就放假，好几天不上课，管理不好。村上的学校撤掉以后，到了现在的学校，各方面条件都变好了，学校也把娃子们管得紧了，成绩提高得也快了，所以我们还是觉得只要不增加家长的负担，还是合了好。(2009 年 11 月 17 日南湾村学生家长访谈记录)

总之，农村中小学布局调整后，一大批规模小、办学条件差的中小学被调整和撤并，教育资源得以进一步集中，师资队伍进一步优化，一大批中心学校的教育质量不断提高，使得更多孩子享受到了优质的学校教育，促进了区域内义务教育的均衡发展，为进一步缩小城乡之间的教育差距打下了良好的基础。

二 山丹县学校布局调整中存在的主要问题

（一）新的上学难

长期以来，广大农村地区的小学多以行政村为单位布局，造成农村地区学校校点多且布局分散。这样办学力量分散，不利于整合教育资源。一方面，大多数经济条件差的地方，村组筹集的教育经费十分有限，加之 20 世纪 90 年代中后期以来，"三农"问题十分突出，农民收入锐减，教育费附加难以收取。有的地方收取的有限经费往往被挪作他用，村小民办教师工资多年拖欠，更不要说投入学校硬件建设了。有的学校校舍年久失修，学生在危房里上课；有的学校连最基本的办学设备都没有，学生课桌凳靠从家里带，更不要说建操场，装配实验室了。前几年为迎接"普九"检查验收，不少地方采取"拆东墙补西墙"的办法（即检查时临时到邻近村小或乡中学借取有关设备来应付）蒙混过关。另一方面，少数经济条件较好的地方，又不注重实际，"寅吃卯粮"，负债建设。笔者经了解发现，如今，随着人口结构的变化，小学学龄儿童减少，多数地区进行了学校布局调整。但调整后，又出现一系列新的问题和矛盾。诸如，因学生相对增多、集中，办学条件亟待改进，否则学生食宿、安全以及教学质量难以保证。一些地方在调整学校布局过程中，不顾当地的实际情况，简单地追求学校撤并的数量，没能制定出符合本地区实际的学校布局调整规划，盲目撤并村小，取消一些边远山区的教学点，有的甚至将附设在小学的学前班或幼儿园也调整掉了，没能充分考虑边远地区农民子女的上学问题，导致部分年龄小、离校远的学生上学不便和困难，有的辍学流失，社会和学生家长对此意见较大。还有的地方只注重扩大学校规模，单纯追求办学集中，结果造成合并后的班级规模过大，不利于教育教学质量的提高，同时还增加了教师的负担。

图 4 - 20　周末租车回家的寄宿制学校小学生

　　盲目追求撤并数量和速度，造成了新的上学难，一些偏远地区的学生，原来在本村或邻村上学，现在一些学校和教学点撤并后被集中到了中心校，到教学相对集中的地方上学，学生上学普遍较远，由于寄宿能力不足，每天至少步行十多里，最远的要到几十公里外去上学。学校离家太远的学生需要在学校住宿，虽然国家实行了"两免一补"政策，但伙食费、交通费等开支超出了当地农民的承受能力。这些校点集中后的寄宿制学校由于盲目追求撤并速度，配套设施跟不上，超员及食宿难等现象严重。一些地方的学校被撤并后，学校基础设施建设跟不上，导致大班额现象很严重，教学质量难以保证。在一些地方，由于住宿建设滞后，一些家长只好投亲靠友，或者干脆把孩子"寄养"在学校附近居民家，每月要缴上百元的住宿费、生活费，还要给房东"小费"，这就增加了农村学生家长的负担。撤点并校使教育资源得到有效整合，但由于上学难、上学苦、上学负担重等原因，又出现了新的教育资源失衡现象，加剧了贫困家庭子女的显性辍学。学生寄宿、一餐走读或租车接送，家长付出的成本远远超过了义务教育免学费、书本费所带来的实惠。学生寄宿还造成中小学生潜在的安全隐患。集中办学以后，安全成为百姓考虑最多的问题。小学生生活能力、自护自救能力差，非寄宿的学生，家长考虑的是孩子上学路上的安全；寄宿的学生，家长考虑的是孩子在学校的安全。同时，由于中西部绝大多数地区的学校布局调整政策，主要实行的是以建设寄宿制中心学校为突破口的撤点并校政策，低年级小学生寄宿在中心小学以后，这些刚刚入学的孩子无法在父母身边完成小学阶段的学习，从小就要经受生活上、心理上、身体上的"煎熬"，造成了普遍的家庭教育"缺席"，教育合力很难形成。

　　自从去年秋天三十里铺的小学合并过来以后，我的丫头和儿子就都在新河寄宿制中心小学住宿了，丫头今年五年级，儿子三年级，一顿饭基本都是两块半钱，一天吃两顿饭就是五块钱（学校没有早餐，所以学生每星期从家里带一些干粮过来当早餐），这样一星期下来就是 25 元（按照五天在学校计算），一个月大概

图 4 - 21　马场寄宿制小学生排队打饭

就是 120 元左右，一年按照十个月算就是 1200 元，现在国家政策好，不收住宿费。娃子们每周要回家，原先是我们村上有上学娃子们的家长集体租一辆车，周末接送一次，后来学校说不安全就不让了，前一阵子由学校找的车接送哩，一个学生一来一回是6块，这样一个月的交通费大约就是 30 元，一年下来 300 元，总共加起来就是，一个娃子一年光吃饭和回家就要花 1500 元。(2009 年 4 月 17 日新河小学学生家长访谈记录)

你说是住校好还是在家住好，那肯定是在家里好嘛，在学校娃子们基本都是用干馍馍对付早饭哩，在家好赖早上也能喝上个鸡蛋汤什么的，在学校就没有这些。我的娃子一个月生活费要200 元，但是对一个长身体的娃子来说还是吃不好，我们在家还担心娃子的安全问题，晚上睡得冷不冷。我每星期五就骑摩托车接，星期天送，也耽搁了我的时间，没有办法，确实增加了家长的负担。当然话又说回来，学校合并以后，教学质量确实提高了，娃子的学习也进步了，就是加重一些负担也值。(2009 年 11

月 17 日山丹三中学生家长访谈记录）

我们娃子原来在中河小学上学，去年村上学校搬到了三中，娃子还小（上小学二年级），不会自己照看自己，他的爸爸妈妈都出去打工去了，我就在学校附近租了个房子，让他爷爷在家看门务庄农，我来给小孙子做饭照看他。等过几年，小孙子长大一些了，我就回到村里，和他爷一起看门务庄农，小孙子住到学生宿舍里去，但是现在他这么小，我不照看，他连一口饭都吃不上，娃子太小，应该让他们在村上学校念书的。（2009 年 11 月 17 日山丹三中学生家长访谈记录）

从 2000 年左右开始，农村小学适龄人口持续下降。农村城镇化水平的提高和大量农村人口向城市转移，常年在城市务工的农民，一旦能够在城市立住脚，就会把孩子接到城市就读，所以学校规模是越来越小了。长期以来，城乡基础教育发展不平衡，学校布局调整能够有效地解决这一问题，实现城乡教育公平。农村的孩子到乡镇或县城读书，他们就会和城镇孩子一样享受到优质的教育资源，这样一来城乡之间的教育不公平、不均衡发展问题就迎刃而解了。撤点并校确实也有它的弊端，什么事情都可能有利有弊，但要看利弊大小，撤点并校利大于弊，是一件政府、学校和学生三赢的事情，因此我们一定要坚持。（甘肃某县教育局长访谈记录）

（二）教育资源的巨大浪费

党的十一届三中全会以后，伴随着改革开放实践，从领导层到广大人民群众都开始逐步认识到，在我们这样一个经济尚欠发达的国家，要举办并发展全世界规模最大的教育，单靠国家投资是绝对行不通的。于是从中央到地方的各级教育行政部门，开始从穷国办大教育这一基本理念出发，积极探索扩大教育经费投入的新途径。在这样一种背景下，国家作出了关于农村教育体制改革的决定。我国基础教育管理体制开始有了一些新的变化，其中心是强调地方的责任。1985 年颁布的

107

《中共中央关于教育体制改革的决定》明确提出："实行基础教育由地方负责、分级管理的原则，是发展我国教育事业，改革我国教育体制的基础一环。基础教育管理权属于地方，实行'地方负责、分级管理'的原则。除大政方针和宏观规划由中央决定外，具体政策、制度、计划的制定和实施，以及对学校的领导、管理和检查，责任和权力都交给地方。"1986年颁布的《中华人民共和国义务教育法》规定："义务教育事业，在国务院领导下，实行地方负责、分级管理。"以此为标志，一个以分级办学、分级管理为特征的农村教育管理体制在全国逐步确立。实行"分级办学、分级管理"体制以后，农村基础教育体制逐渐形成县、乡、村三级办学，县、乡两级管理的格局。

其后《义务教育法》及其"实施条例"更进一步明确："各级教育主管部门在本级人民政府领导下，具体负责组织、管理本行政区域内实施义务教育的工作。地方各级人民政府设置的实施义务教育学校的事业费和基本建设投资，由地方各级人民政府负责筹措。实施义务教育的学校新建、改建、扩建所需资金，在城镇由当地人民政府负责列入基本建设投资计划，或者通过其他渠道筹措；在农村由乡、村负责筹措，县级人民政府对有困难的乡、村可酌情予以补助。乡级政府负责落实义务教育的具体工作，包括保障适龄儿童、少年按时入学。"事实上，在实施"地方负责、分级管理"的基础教育管理体制过程中，由于权力的层层下放，再加上各级政府职责不明确，在实际工作中，存在着各级政府层层下放基础教育的管理权限、相互推卸对基础教育的责任，省里推卸给市里，市里下放给县里，县里将农村义务教育管理权下放到乡里，乡里又将一部分经费筹措的责任交给村里。这样，最基层、财力最薄弱的乡镇政权机构承担了农村义务教育的重大职责，农村义务教育管理体制演变成了"以乡为主"的体制。管理责任的层层下放，使得所有政策最终的贯彻执行者是乡（镇）。本应作为基层基础教育管理统筹单位的县教育局却没有能够承担起区域教育发展的责任。

1986年国家颁布了《义务教育法》，使得普及义务教育成为全社会的共识。甘肃省提出在1990年以前全省普及小学义务教育，2000年以前全省基本普及九年制义务教育的目标。当时山丹县为了完成入学率和"普九"的硬性指标，推进"普九"进程、改善办学条件，"让所有适龄儿童有学上、有书读"成为各级政府的头等大事。以推行县、乡、村分级办学，县、乡两级管理为中心内容的农村教育管理体制作为契机，山丹县人民政府对全县各个乡镇的领导进行了动员，和各乡镇一把手签订了入学率和"普九"的责任书，极大地激发了各级地方政府和广大农民群众办学的积极性。为了"普九"考核达标，乡镇政府和村级组织开始积极筹措教育经费，发动村民集资捐款兴建校舍、改善办学条件，甚至不惜举债建校。

前些年"普九"工作中，作为教育管理部门的县教育局只有宏观指导的职能，乡镇政府拥有完全的自主权，建校的决定权在乡镇。当时的分级办学体制导致宏观调控难，对几个合办小学难以形成共识，对学校的布局根本就没有作任何规划，建校基本都是在乡镇政府和村级组织自发展开的。各地为了达标，不惜借高利贷购置设备、改造房屋，学校欠债十分严重。当初一些学校借债时，原计划先通过达标验收，以后再依据相关规定以教育集资形式分年度偿还。"费改税"让偿还计划成了泡影。因为无力还债，许多地方发生了包工头堵政府、封校门、赶学生、锁教室的事情。（2009 年 4 月 17 日山丹县教育局基教科负责人访谈记录）

20 世纪 90 年代初，由共青团中央倡导并推进的"希望工程"，集中社会力量捐资助学，提出了"不让一个孩子因贫困而失学"的口号。社会各界、海内外人士踊跃捐款。在各地农村特别是西部贫困地区修建了大量的"希望小学"。十多年来"希望工程"共募集资金53 亿元，建设希望小学 15444 所。同时国家实施了义务教育工程等各项促进中西部农村基础教育发展的举措，更是投入了巨额的建设资金。在政府"分级办学、分级管理"的教育体制、"普九"浪潮和"希望工程"等项目的合力作用之下，全县各个乡镇几乎每一个村都建起了漂亮的学校，基本上实现了"一村一校"的学校布局，保证了农村孩子有学上、有书读，村子里最漂亮的建筑是学校，满足了孩子不出村就能接受学校教育的愿望，为"普九"义务教育打下了坚实的基础。

在 2001 年 6 月国务院公布《关于基础教育改革与发展的决定》后，农村义务教育的管理和投入体制发生了较为明显的变化，农村义务教育管理开始实行在国务院领导下，由地方政府负责、分级管理、以县为主的体制。2002 年 4 月 26 日，当时的国务院副总理李岚清强调要实现两个转变，即把农村义务教育的责任从主要由农民承担转到主要由政府承担，把政府的责任从以乡镇为主转到以县为主。这一时期，国家开始在各地推行农村税费改革，取消了教育集资和教育费附加，地方政府的财政收入突然减少，中西部地区很多县连维持"吃饭财政"的水准都困难，一些县全年的财政收入甚至不够用于教育的支出。"以县为主"教育财政体制的确立实现了农村义务教育由"以民为主"到"以政府为主"的转变，但是与县级政府承担农村义务教育投入的主要责任相矛盾的是，中西部很多地区县级政府的财政保障能力极为有限，县乡政府财政困难加剧，使县级政府可用于义务教育的财政性资金不足。这使得各级地方政府希望通过农村中小学布局调整来集中办学，提高资源的利用效率，减轻财政压力。除此之外，由于计划生育政策在城乡不断深化和计划生育效果的日渐显现，很多农村学校的生源急剧减少。"一村一校"的学校布局存在的弊端也逐渐被大家注意到，学校分布散、不便管理、规模小、教师配备困难、学校管理运行成本高，质量和效益难以保证。

图 4-22　闲置的峡口希望
小学空无一人

图 4-23　闲置的马营希望小学
杂草丛生

在这种情况之下，中西部地区学校布局调整政策出台。2001 年，甘肃省山丹县按照省里"联村办小学、乡镇办初中、县办高中"的指示开始调整中小学布局，山丹县的部分农村中小学（包括希望小学）在布局调整中被有规划、有步骤地撤并，"以此优化整合农村教育资源"。山丹县的中小学校由 2001 年的 138 所撤并至 103 所。截至 2008 年秋，山丹县闲置的项目学校就有 11 所，分别为峡口小学（邵逸夫基金项目，投资 30 万元）；下焦湾小学（希望小学，投资 40 万元）；上河小学（灾后重建，项目投资 28 万元）；中河小学（世行项目，投资 30 万元）；下河小学（灾后重建，投资 25 万元）；东沟小学（希望工程，投资 25 万元）；西沟小学（灾后重建，投资不详）；郭泉学校（灾后重建，投资 50 万元）；大口子河小学（希望工程，投资 25 万元）；上河西小学（希望工程，投资 24 万元）；马营中心小学（希望工程，投资 70 万元）。不仅是这些希望小学被废弃，其他被撤并的村小校园里只有学前班，大量教室闲置，这也造成了资源的极大浪费。2008 年 9 月，甘肃省基础教育工作会议在酒泉召开，会议提出了新一轮教育布局调整要以撤点并校为基础，以创办寄宿制中小学为突破，坚持"高中、初中阶段学校向县城集中，小学向中心乡镇集中，学前教育向中心村集中，新增教育资源向城镇集中"的规模办学思路。山丹县教育局制定了新的《山丹县学校布局调整规划》，提出到 2011 年，当地中小学校将从 103 所减少至 28 所，也就是说，要在现有学校布局的基础上撤并掉 75 所学校。这些即将被撤并掉的学校中有不少是 2004 年、2005 年新建的学校（在笔者走访的其他地区甚至出现了 2008 年刚刚竣工的学校，2009 年就被撤并的现象）。如果按照山丹县学校布局调整规划来撤并学校，将会产生多么巨大的资源浪费，谁又为此向善款的捐赠者和公众予以说明呢！

一方面是撤并学校教育资源闲置状态下的巨大浪费，另一方面是国家又投入巨资在城区兴建中心寄宿制学校。布局调整前分散办学造成的教育资源浪费在布局调整后集中资源办学的过程中同样不能避免。过去"一村一校"是教育行政部门的政绩，现在撤点并校、布局调整又将成为新的政绩，期间只有 10 多年的时间，这一关乎国家巨额财产和农民切身利益的公共政策制定，怎么能使公众相信是经过充分论证、具有前瞻性的决策！公众有这样的疑虑是很自然的，大量荒废的学校和闲置的校舍说明，教育行政部门对于未来十年甚至更为长远的教育发展规划或预测是不靠谱的。经过布局调整的学校，县城和中心乡镇拔地而起的寄宿制中心学校，谁又能保证五年或十年后不会重新来一轮布局调整呢！

其实，当时政府在学校布点上，撒胡椒面式"一村一校"的做法确实缺乏一种科学的长远规划，人口高峰的变化其实是很容易预测的，但是由于当时县域内实行的"分级管理、分级办学"的教育行政管理体制，导致县域内教育发展缺乏统筹，县级教育行政部门根本就没有办法规划学校的布局，学校的布局完全就是在一种无序状态之下的政府行为，缺乏区域教育发展规划意识，带有很大的随意性。如果当时能够考虑到人口的变化趋势、社会经济的发展等各种影响学校布局的因素，在一种科学的区域教育发展规划的指导之下进行学校的布点，就完全能够避免现在的国家教育资源的巨额浪费。同时，由于政府没有规划在先，做到对"希望工程"和各类捐赠的有序安排、有序接受，也就造成了后来"希望工程"和各类捐赠投资建设的盲目进行，当今天这些"希望学校"被废弃、闲置时，我们又怎么向这些善款捐赠者交代。

（三）"巨型学校"和"巨型班级"问题

提高国民素质的目标不仅要通过普及九年义务制教育的人口数量来实现，而且要通过全面提高教育质量来实现。享受优质教育已经成为家庭、社会和国家对教育的新需求。全面提高基础教育质量的重点和难点不在城市而在农村，不在重点校而在薄弱校。农村学校布局调整的本意在于通过扩大学校规模，将分散的优质教育资源整合起来，以提高农村学校的教育质量。对于居住分散的农村地区来说，通过扩大办学规模，为全体儿童提供优质的教育资源，确实是提高农村教育质量的有效途径。但是，当这一做法被推到极端时，就会出现新的问题，其中包括规模过大造成的学校人力、物力、财力资源使用效率降低，各项资源使用充分性和合理性下降；规模过大给学校的安全管理造成了巨大压力；学校教育教学难度加大，不利于学校教育质量的提高。

《教育部关于进一步加强中小学校校舍建设与管理工作的通知》对班额的规定如下：各地要严格依据中小学校校舍建设规模，坚决杜绝大班额情况出现。其中城市普通中小学校的建设规模，必须根据批准的学校规模和城市建设规划的要求确定，城市小学和中学每班班额分别不超过 45 人和 50 人。农村中小学校的建设规模，应根据学制、学校规模、面积指标，并参照农村经济发展水平、城镇化推进程度和人口发展规划等合理确定，农村非完全小学、完全小学和初中每班班额分别不超过 30 人、40 人和 50 人。

规模经济理论表明，社会组织的规模扩大和收益之间的变化关系不是无限递增的，现实生活中表现为先增、随后短期不变、最后递减的走向，经济学把规模扩大造成收益递减的阶段称为规模不经济阶段。本来将分散的、规模过小的中学撤并，对这些教育资源进行优化配置，使师资和生源集中，确实提高了教育资源的利用效率，实现了教育质量的提高，但是学校规模过大，致使这些"巨型中学"可能会产生有规模但不经济问题。尤其是班级规模过大，不能保证教育质量，也就无法达到提高教育资源利用效率的目的。同时，过大的学校规模对学校安全管理造成了巨大压力，这些巨大规模的学校几乎都集中在城区，学校场地普遍狭小，无法满足从各处集中过来的学生学习和生活的需要，学校安全管理隐患增加，尤其是在寄宿生管理这一块更是让学校投入了巨大精力，校内外学生的住宿安全、饮食安全都对学校的管理提出了巨大挑战。

关于学校规模对教育质量（学生成绩、学生发展）的影响以及关于中学适度规模，美国学者进行了大量的研究。Howley 和 Bickel 1999 年在美国四个州进行了关于贫困地区学校规模与学业成绩关系的 Matthew Project 研究，其研究结论表明，学校规模的大小在贫困地区对学业成绩的好坏有着显著的负面作用。在政策决策方面，佛罗里达立法机关要求对学校的规模实行上限规定，一些基金会也出资资助贫困地区创办小型学校。①

奥斯本（Donald D Qsburn）认为，高中适度规模为 2244 人；柯恩（Elchanan Cohn）的结论为 1500—2244 人，平均值为 1850 人。部分学者就不同地区高中规模所存在的区域差异性进行了研究，发现农村地区的学校规模要小于城市地区的规模。大规模学校理论遭到普遍质疑，美国现有一批在校生规模达 2000 人左右甚至更多的中学，多年的实践发现，学生人数过多，教师难以为每个学生提供足够的帮助，学校管理也有困难，教育质量难以提高。20 世纪 80 年代以来，美国中等学校出现学校规模缩小趋势，部分地区还兴起了中等学校"小学校化"运动，许多大规模的高中都试着拆分为小学校。Walberg认为，美国有关学校规模的研究表明"小的就是好的"的理论已成主流。虽然关于中等学校适度规模的研究没有取得一致结论，但认为规模幅度在 300 人和 900 人之间，美国卡内基基金会和国家中学校长联合会发表的联合声明认为，高中在校生规模不要超过 600 人。② 总结美国对高中教育规模的研究，理论界普遍认同中学教育适度规模存在的合理性，而且在很大程度上趋向于学校小型化。OECD（经济合作与发展组织）成员 2003 年有关班额的调查显示，小学和初中的平均班额为 21.6 人和 23.9 人。美国总统克林顿 1998 年建议：小学一、二、三年级的班额为 18 人；小学其他年级的班额为 22 人，初中和高中班额为 28 人。德国规定小学班额不能超过 30 人，中学为 25 人左右。③

日本在 20 世纪 80 年代在基础教育改革方案中提出要拆分规模过大的学校。"规模过大学校的标准是班级数大于 31 人，应分离规模过大学校。日本政府从 1986 年起用 5 年时间，计划实施消除规模过大学校，增加学校用地费补助，以促使中小学规模过大的学校迅速减

---

① 转引自徐小平《贫困山区普通高中规模效益研究——以湖北恩施州某高中为个案》，硕士学位论文，西南大学，2008 年。

② 马晓强：《关于我国普通高中教育办学规模的几个问题》，《教育与经济》2003 年第 3 期。

③ 马艳云：《班额对基础教育阶段学生的影响》，《教育科学研究》2009 年第 7 期。

少。日本的学校班级定员一般是 40—45 人，因此它的中小学规模控制在 1200—1400 人。从 1980 年到 1987 年，规模过大学校的比例从 7% 减少到 3.5%，成效相当显著。"台湾学者林文达对台湾政治大学行政人员训练班学员所在的 21 所中学的资料统计分析，发现"台湾地区中学最适当经营规模为 1800—2200 人，台北市则为 2200—2400 人，规模适度型中学不仅生均经常成本最低，其决定学校资源分配比例的有关因素较其他类型适当"。①

　　与其他国家和地区班额和学校规模情况相比，我国教育行政部门规定的班额和学校规模远远超过了其他国家，并且在进行农村学校布局调整的过程中为了实行规模效益，撤点并校之后的班级规模和学校规模又远远超过了国家制定的标准。教育资源有整体性和不可分性的特点，突破教育资源这一限制，学生人数扩大使整体资源负担分散，每单位学生资源成本降低，但持续扩大的学校规模对生均成本和资源使用效率的作用未必是良性的，一味过度扩大学校规模就会损害教育功能，教育质量下降，就谈不上办学效益优良。学校规模的急剧扩大，斥巨资建设"巨型中学"，规模过大造成学校人力、物力、财力资源使用效率降低，这是否会带来教育质量的提高？各项资源使用的充分性和合理性又会如何？中西部地区因自然和社会经济因素的制约，面临着优质教育资源短缺的现实，因此，其学校的发展不仅仅依赖于规模扩大，更需要办学效益的提高。提高办学效益不仅是降低生均成本，增进各项资源的使用效率，优质高效的教育服务质量也是学校长远发展的生命线，是提高办学效益的全面体现。所以，中西部农村教育发展过程中学校需要找到其适度规模，既要保障规模扩大过程中资源获得充分适当的运用，又要避免产生规模不经济问题。农村学校布局调整政策的目标之一是通过寻找中小学发展最适合的规模，来提高教育资源的使用效率。然而，究竟怎样的规模才是"中小学最适合规模"，对此既缺乏理论上的最佳学校规模模型，各地也没有一致

---

　　① 靳希斌：《从滞后到超前——20 世纪人力资本学说教育经济学》，山东教育出版社 1995 年版，第 399 页。

的经验可以表明农村中小学的最适合规模究竟应该是多大。因此，人们不禁会对只有模糊方向，没有清晰目标的学校规模追求表示怀疑。在这种情形之下，任何草率的大规模调整未免都有鲁莽之嫌，而且有可能产生一些问题。在实现规模效益的同时，是不是就一定能够解决优质教育资源缺乏的问题，使县域内教育资源不足的矛盾得到根本上的解决。

（四）寄宿制学校的建设

1. 寄宿制学校建设对当地社区的影响

长期以来，由于经济发展水平、人口分布状况等因素的限制，我国农村学校的布局基本上采取依人口的分布状况而建校或设点的办法。为了解决山区、偏远地区和人口稀少地区儿童的入学问题，各地建立了大量的村学、教学点，即所谓的单、双人校。近年来的大规模农村中小学校布局调整，开始裁撤村学和教学点，在居住比较分散的农村地区合并了一些中心学校，并建设了一批农村地区寄宿制学校，使这些原先上学不用出村的孩子远离了自己熟悉的农村社区，进入了陌生的现代寄宿制学校学习。

中国传统村落社区的基本人口构成主要分为三个部分：老年人、青壮年和儿童。从 20 世纪 90 年代开始，中国社会因为区域经济发展的不平衡，产生了东部经济发达，而西部经济落后的状况。这种区域间比较经济利益优势吸引大规模的人口流动。数以百万计的中西部地区的农民离开了自己世代生活的土地，走进了陌生的城市，开始打工生活。在劳动力输出大省的农村社区中，青壮年劳动力大量流入城市，导致农村人口的下降和农村青壮年人口比例的下降，农村剩下的留守人口大多数是老人和儿童。随着农村寄宿制学校的迅速发展，这些农村社区的儿童也被集中到建好的寄宿制学校寄宿，这样原先传统村落社区的人口学指标发生了彻底变化，许多原先人口构成完整的农村社区只剩下老人和一些没有办法外出的青壮年。这种传统村落社区人口学指标的变化也改变了历史上"乡土中国"的农村社区人口生态和文化生态，这必然导致农村社会生活和社会心理的一系列变化，对农村社会的发展产生了深远的影响。农村寄宿制学校制度使农村社区和家庭功能弱化，降低了社区和家庭对儿童的影响。

农村寄宿制学校建立之后，原先分属不同村落社区的儿童被集中到中心校寄宿，学生与社区的关联趋于淡漠，他们与所在村落的各种联系也日趋疏远，基本上不关心农村的各项相关制度和发生的事情。无论从生活方式的偏好，还是对未来理想的设计，城市文化对于这些孩子来说更加具有吸引力，他们更向往城市，这造成孩子们对于农村社区的认同感下降。同时，现在的农村中小学几乎不能向学生传授能在农村环境中有效发挥作用所需的知识、技能和思想，有些学者称之为"城市中心主义"。其结局是农村中小学教育是为上大学做准备的，并没有对提高农业劳动生产率发挥作用，反而使大量有才能的青年离开农村进入城市。"从某种意义上讲，农村教育承担着为城乡培养人才的双重任务。"[1] 遗憾的是，就目前农村教育而言，到底是"离农教育"还是"为农教育"，还没有引起足够的重视。农村教育不仅是为了让学生离开农村进入城市，同时也是为了能够在真正意义上促进农村社会的可持续发展。

自古以来学校都是农村知识精英聚集之地，是以文教化的前沿阵地。对于许多偏远山区的村落社区而言，农村学校，哪怕一个小小的教学点，也是现代文明的重要代表。然而，在寄宿制学校快速建设与开办的过程中，很多边远分散的学校和教学点纷纷被撤销。无疑，这使村落社区文化失去了主要载体，给农民家庭留下了更多的文化空白。部分村落社区的农民则因为子女远离家庭在学校寄宿而较早地过上了"空巢"家庭生活，再加上农村文化生活极其单调贫乏，他们的精神生活变成了空白，导致乡村文化建设受到影响，不利于农民文化素质的提高。农村学校布局调整是一项复杂的系统工程，它关系到我国农村教育的发展全局。在贫困落后的农村地区，村小学往往是本村的文化标志，是村民们的文化活动中心，是传播文化的载体，对村民的思想与文化素养的提高起着潜移默化的作用。随着学校布局的调整，大量的村小和教学点被取消了，村屯社区文化失去了载体，影响

---

① 盛连喜：《提高农村教育质量的几点思考》，《教育研究》2008 年第 1 期。

了向农民传播先进文化和科学技术，不利于社会主义新农村建设。

2. 农村地区寄宿制学校对乡村文化传承的影响

社会文化的变迁必然投射于教育，教育自诞生之日起，就天然地与文化有着千丝万缕的联系。在农村地区学校布局迅速调整的过程中，学生都被集中到了寄宿制学校，这一体制教育的产物作为深入乡村的国家机构在乡村中逐渐取得了稳固的地位，传统的乡村文化逐渐淡出了人们的视线，学校中的儿童因为远离自己熟识的村落社区，缺乏与传统乡村文化的接触而逐渐对本乡本土文化淡漠，乡村青壮年远离乡村外出打工，而年长者在以经济为中心的乡村生活中逐渐被边缘化。乡村生活逐渐城市化，人们开始远离乡村文化。乡间的自然野趣、老人们的民间故事、年节丰富的民间文艺活动和热闹的气氛、村民见面的熟识与亲切感都逐渐成了一个历史的记忆，乡村社会逐渐变得疏远与陌生。

现代教育体制下学校教育已成为儿童社会化的主要途径，孩子从小就开始接受以现代文化为主体的现代学校教育，慢慢地接受了以现代性特征为主导的文化价值取向，对自己原先生活的社区文化渐渐生疏，甚至自觉不自觉地对于传统的乡村文化产生了心理疏离，不愿接受传统的乡村文化。"传统"的传承，既依赖于"制度化"地培养读书人的教育机制，又根植于普通百姓一代一代在日常生活经历中的"言传身教"。在有着几千年使用文字的传统，并有着士大夫思想意识渗入的中国乡村社会中，乡民的仪式行为无疑深受读书人的影响。但许多礼仪习俗得以传承，其更本质的根源来自普通百姓的日常生活，来自相对"非制度化"的家庭与社区内部的"耳濡目染"。① 作为传统乡村文化主要传承人的乡村儿童，对传统乡村文化的习得，也让他们学会了一种生活和生产技能，从而为其职业选择提供了另一种可能。同时，乡村传统文化的继承过程对学生而言，是从知晓、了解、传承到热爱的过程，也是学生从精神层面回归本乡本土的心路历

---

① 陈春声：《乡村文化传统与礼仪重建》，黄平主编：《乡土中国与文化自觉》，三联书店 2007 年版，第 189 页。

程，可以增进对家乡的归属感。

农村地区现代学校尤其是寄宿制学校建立之后，把原先作为各自村落社区传统文化传承主体的儿童集中到了现代学校，这就造成了乡村文化传承主体的缺位。这种文化传承主体的缺位，不但对于整个村落社区传统文化是一种灾难，同时对于这些儿童而言也是一种不幸。农村社区相对于城市而言，被认为是一种平面化的居住形式和"熟人社会"，这对于儿童来说有利于他们在一个安全的心理环境中比较轻松快乐地学习，让儿童有更多的时间与社区亲近，享受属于自己的童年快乐。能够参与田间地头的劳动，让儿童体验到劳动的艰辛和收获的喜悦，培养吃苦耐劳、热爱劳动的精神品质。农村社区的自然生态环境和传统文化生态具有启迪学生智慧和心灵的特殊教育作用。特别是许多交通不便的偏远地区都保留了对于儿童来说美好的自然生态，农村儿童可以在日常的学习和生活中接近自然、亲近自然。然而，寄宿制学校的建立使他们远离了自己熟悉的社区，农村儿童传统文化的根被切断了。

从文化自身的发展规律来看，任何一种新文化都必须建立在过去已有的文化基础之上，也就是说，任何一种文化都是人类长期积累的结果。人类文化积累的过程，就是传统文化的传承，新文化增加的过程。现代文化建设必须遵循文化发展的规律，这是历史和现实给予我们的深刻启示。在对传统文化批判和继承的问题上，我们尤其应该把握一个理性的原则。现代文化建设应以自身所拥有的文化资源为立足点，以文化的"内源发展"作为根本的增长方式，我们不能切断传统文化的根源，不能漠视对传统文化资源的挖掘。当然，这并不意味着要固守源头，传统文化与现代文化如同流不能与源断绝，而流又不等同于源。所谓传统，是历史的延续、传承。它不仅仅是遗产，而是包括了时间的全部，是过去发生的、延流到现在的，并且将影响将来的活的东西，其中重要的不在于过去遗留的，而在于现在延流的。传统文化就其历史性而言，它是过去的，更是现在的，换言之，它是被现在改造了的过去，也是吸纳了过去的现在。传统文化只有在现代文化的"流"中不断改造、不断融合、不断超越、不断更新，才能获得新的生命力，从而转换和实现自身的当代意义和价值。中国的传统乡村文化与建立在工业化基础上的现代社会是可以和谐共存的，文化传统对于农村社会的稳定和发展，新农村社会正义的建设都有着巨大的作用。同时，乡村传统文化，从文化和文明的角度来说，从对于建构整个社会的精神家园来说，都是一笔不菲的财富。

学校布局调整之后现代学校远离了村落社会，对学校儿童的影响力越来越强大，逐渐占据了村落儿童所有的时空，对乡村的儿童所造成的影响越来越明显。过去，学校在和村落民间规范的竞争中往往败下阵来，但现在学校对儿童生命史的影响日益明显，成为外部生活在村落社会中的拓殖，不断开辟出自己的领域，挤压村落传统文化。在这种竞争之中，村落传统文化日渐衰弱，"乡村已经不再是传统的乡村"，现代学校的影响日益明显。

3. 农村寄宿制学校建设中的标准化、规范化问题

从山丹县的调查情况来看，西部农村地区学校布局调整所采用的方式是将偏远地区学校撤并到中心校，把这些中心校改建成寄宿制学校。就目前情况而言，农村寄宿制学校确实优化了农村中小学教育资源的配置，形成了教育资源的集中效能，让农村学生享受到优质、全面的教育，是提高农村教育质量的有效途径。但是，调查也发现，农村寄宿制学校的建设离标准化、规范化水平还有很大的距离。

（1）学生食宿和卫生健康问题

目前，国家对农村寄宿制学校的资金投入主要集中在学校教学设施的建设上，对于学生生活保障的投入则普遍不足，对学生因寄宿而产生的身体健康和卫生问题较为忽视。学生由走读制变为寄宿制之后，学校相应地由教学功能转变为教学和生活功能社区，这种学校功能的转变，需要学校对学生的饮食起居、安全保障、学习活动诸多方面进行全盘考虑。但是，由于农村寄宿制学校尚不规范，缺乏必要的质量标准，教育部门和学校并没有对学生宿舍标准做出必要的规定，对学生的安全、卫生、医疗等方面缺乏必要管理。

图 4 - 24　简陋的寄宿制学校学生宿舍

调查发现，许多农村地区寄宿制学校食宿条件差，生活条件也非常简陋，后勤配套设施无法到位，许多学校宿舍住宿都很紧张，有的学校 20 多个学生挤在仅有 10 平方米的小房间里，十几个孩子挤在一个大通铺上，过道不仅狭窄，还堆满了杂物。许多农村学校的厕所离宿舍有很长一段距离，学生晚上上厕所都要跑很远的路，致使有的学生为少上厕所，干脆下午就不喝水，尽量吃水分少的食物，学校也没有修建洗澡堂，学生住校期间无法洗澡，这对于处在成长发育阶段的孩子的身体健康造成了极大影响。由于学校寄宿条件艰苦，而且学生年龄很小就在学校寄宿，遇到了生活自理问题。有的学生在学校不愿意自己洗衣服，就把一个星期穿过的衣服都攒着带回家让父母洗，无形中加重了家长的负担。

调查还发现，贫困地区农村学生普遍营养摄入不足。目前，贫困地区农村寄宿制小学的学生，其营养素摄入量偏低的现象极为普遍，且与国家推荐的膳食营养素摄入量相差较大。许多学生的早餐都是从家里带来的干粮，几乎就没有什么营养可言。食堂伙食较差，学生也吃不饱，有些学校是学生带什么，食堂做什么，学生很少能吃到新鲜的蔬菜。这种营养摄入不足的饮食，对于正处在生长发育关键时期的孩子来说影响无疑是巨大的。

（2）生活教师的缺乏

按照国家规定，小学每 50 名学生、初中每百名学生需要配备 1 位生活教师。但是，农村寄宿制学校生活教师不足乃至缺编是普遍存在的现实，特别是由于农村教师编制紧张，许多学校不能设置专门的生活管理教师，致使本应该由生活教师做的工作全部集中到了班主任和任课教师身上。他们既要给学生上课，又要管理学生日常生活，管不了也管不好，同时增加了教师的工作量。在所调研的农村寄宿制学校，许多教师反映除了每天要上课以外，还要照顾学生的生活，工作实在太累了。

有的农村寄宿制学校虽然为寄宿生配备了生活教师，但是寄宿制学校在对生活教师的聘用、考核标准上也不完善。农村寄宿制学校普遍将生活教师定位为保姆式的管理员，各个学校在招聘生活教师时会经过一些面试，但是聘用的标准和条件却很低。学校为节约成本，一般以低工资聘用当地农民做生活教师，这些生活教师文化程度不高，缺乏管理素质，只能忙于日常劳动而无法给予学生足够的关爱。学校对生活教师的评价标准也只是完成基本职责，生活教师的奖金与学生宿舍的环境卫生挂钩，卫生搞好了就是合格的生活教师，而对他们的爱心和职业素养并没有要求。

在有生活教师配备的地区，由于各方面条件的限制，农村学校生活教师培训制度也没有建立起来。农村寄宿制学校生活教师基本没有接受过专业的培训，缺乏对生理、心理处于发展时期的寄宿学生进行有针对性管理和教育的基本知识，使得生活教师对寄宿制学校学生的管理处于低级的纪律管理层次。

4. 寄宿制学校的环境对于儿童健康人格养成的影响

从家庭进入寄宿制学校，对于儿童尤其是低年级小学生来说是一个充满了挑战的发展转折期。在此期间，儿童不仅要面对和父母家人的长期分离，还要学会适应陌生的教师、同伴和寄宿制学校各种新的物理环境。在进入寄宿制学校之后，儿童面临着一个全新的生活环境，在这里没有父母家人的日常照顾，没有自己熟悉的生活环境，一切都是全新的，在这里儿童面临着亲子分离、自我管护和社会交往各方面的压力，这些压力对于儿童健康人格的养成有重要的影响。

亲子关系与儿童社会行为的关系一直是发展心理学中一个重要的

研究领域。父母一直被认为是儿童社会生活中的重要他人，大量研究表明，拥有高质量的亲子关系的儿童通常表现出比较高的社会技能和较少的问题行为。[1] Mastern 与 Garmezy 提出，亲子关系是造成儿童发展问题和心理病理问题的最有影响力的因素。[2]

在大规模的农村中小学校布局调整开始之后，把原先布点比较分散的农村学校合并，建设了一批农村地区寄宿制学校，使这些原先从未离开过家庭的孩子离开了自己的父母家人，进入寄宿制学校学习。家庭是孩子成长的第一课堂，父母作为孩子的第一任老师对孩子的健康成长具有无可替代的作用。孩子到寄宿制学校上学之后，他们的父母因为孩子由学校管理而离开当地外出务工，缺乏与父母的交流与沟通，长年累月见不到父母，甚至连爷爷、奶奶的隔代教育也没有了，平时面对的只有老师和同学，造成了农村寄宿制学校学生亲子关系的断裂，对于正处在人格形成关键期的儿童来说，任何其他关系都没有办法替代父母与他们的亲子关系。这种与父母亲子关系的断裂对于他们来说意味着家庭教育基本就没有了，这样容易造成心理与学习方面的一些问题，从而对学生健康人格的形成产生极为不利的影响。

在儿童初级社会化的过程中，童年时期是儿童心理发展和社会化的关键期，儿童不断从身边的照顾中获得最重要的生理和心理支持，正常的亲子关系对于儿童形成对社会的基本安全感和信任感是很有帮助的。这个时期的儿童特别需要并渴望与父母生活在一起。如果这一时期与父母没有建立起良好的亲子关系，很多孩子会变得情感淡漠、自我封闭、缺乏自信心和安全感。寄宿制学校的儿童与父母在一起的时间非常有限，因为寄宿制学校一般离学生家庭所在地都有一段很远的距离，所以很多家长都是几个星期去看望一次孩子，外出务工的更

① Schneider, B. H., Atkinson, L., Tardif, C., "Child-Parent Attachment and Children Peer Relations: A Quantitative Review," *Developmental Psychology*, 2001, 37: 86-100.

② Lafreniere, P. J., Provost, M. A., Dubeau, D., "From an Insecure Base: Parent -Child Relations and Internalizing Behavior in the Preschool," *Early Development and Parenting*, 1992, 1 (3): 137-148.

是半年或一年才会见一次孩子。这些孩子缺乏与父母的正常情感交流和亲切互动，孩子没有机会向父母表达自己的感受，父母也没有机会表达自己对子女的爱。

发展心理学的研究表明，随着儿童从家庭进入幼儿园和学校，教师成为儿童社会生活中的重要他人，儿童与教师建立的师生关系开始与亲子关系一起共同影响儿童在学龄前和学龄期的学业、情绪和社会性发展。[1] 进入寄宿制学校之后，教师成为儿童生活中的重要他人，与亲子关系一样师生关系对儿童健康人格的形成有着巨大的影响作用。在家庭职能弱化的情况下，教师不仅要承担教育教学的任务，还要照顾学生的日常生活，教师成为寄宿制学校学生身边最重要的一个群体。有研究表明，良好的师生关系有利于小学生适应学校环境，可以满足学生参与学习活动安全感的需要，同时也有助于学生发展良好的个性品质和较高的社会适应能力等；而不良的师生关系（如冲突型或依赖型）会使儿童对学校产生不良的情绪体验，在学校环境中表现出退缩和攻击行为等心理行为问题。[2] 教师作为一个普通人不可避免地具有人的一些缺点，比如偏爱学习好的学生，情绪波动较大，对学生过度严厉等。当教师的这些缺点出现在学生面前时，就会对师生关系产生不良的影响，这时候学生的家长又不在孩子身边，也没有办法对孩子的情绪进行调解和开导，在心理层面亲子关系没有办法调节师生关系，儿童没有办法获得更多的心理支持，从而会对学生健康人格的养成产生极为不利的影响。

教学点的学生，在他们上学前班及小学低年级阶段，由于是在本村本屯的教学点接受启蒙教育，在这一阶段，他们白天在学校上学，学校的老师和同学全是乡里乡亲的，虽然学校教育质量不能令人满意，但乡情温暖，不受歧视，放学后又与父母兄弟姐妹相处，所以生活各方面显得亲情融融，这样教学点就能在亲情上最大限度地满足他

---

① 张晓、陈会昌：《母子关系、师生关系与儿童入园第一年的问题行为》，《心理学报》2008 年第 4 期。

② 金东贤、邢淑芬、俞国良：《教师心理健康对学生发展的影响》，《教育研究》2008 年第 1 期。

图 4 - 25　寄宿制学校的小学生在上晚自习

们身心发展的需要。但在教学点被撤并之后，并入中心学校就读的学生就面临着一个问题，学校离家远了，需要寄宿，原来学校和家庭一体化的学习生活环境没有了，与父母亲人朝夕相处的亲情依靠也没有了，而所有这些儿童早期身心发展所需的情感缺失又无法在集中办学的寄宿制校园里找到替代，于是不少学生便在情感上陷入无依无靠的困境，这是被撤并学校的学生最难跨越的心理危机。有学者调查发现，不少教育行政管理人员、学校校长和教师反映说，一些由教学点并入中心校的学生都存在着不同程度的亲情饥渴，晚上哭着找父母是常有的事。①

----

① 范先佐、曾新：《农村中小学布局调整必须慎重对待处理的若干问题》，《河北师范大学学报》（教育科学版）2006 年第 1 期。

第五章　农村学校布局调整
政策的理论分析

　　长期以来，在经济发展水平、人口分布状况等因素的限制下，为了加快实现普及教育的目标，我国农村学校的布局基本上采取依人口的分布状况简单建校或设点的办法。为了解决偏远地区和人口稀少地区学龄儿童的入学问题，国家在各个村庄建立了大量的村小、教学点，形成了"一村一校"的学校布局。20 世纪 90 年代中后期，我国开始了农村税费改革。税费改革开展之后，随着农村教育费附加以及集资办学等的取消，县乡财政收入减少，基础教育经费缺口凸显，各级地方政府财政压力增大，县及县以上政府希望通过农村中小学布局调整，提高资源利用效率，减轻财政压力。于是学校布局调整就成为农村税费改革后政府的一种自然选择。尤其是从 2001 年我国开始实行"以县为主"的教育财政和管理体制，将对义务教育的投入责任以及重要人事管理责任由乡级政府交给县级政府，实现了由"人民教育人民办"到"人民教育政府办"的转变。然而"以县为主"这一体制的确立给县级政府和教育部门无疑带来了相当大的压力，相当一部分县，特别是中西部地区以农业为主的县长期存在财政能力薄弱的问题。因此，为解决这一问题，各级政府尤其是县级政府对效益的追求就成为农村中小学布局调整的初始动力。[①] 同时，由于计划生育政策的落实，农村学龄人口的不断减少和城镇化水平的不断提高，我国

---

　　① 范先佐：《农村中小学布局调整的原因、动力及方式选择》，《教育与经济》2006年第 1 期。

农村地区，特别是中西部农村地区不少中小学生源不足，学校布局分散、规模小、质量低的矛盾日益突出。我国教育进入了一个由数量解决向质量提升的过渡时期，农村学校的教育质量更是成了关乎整个国家教育质量、教育均衡发展的大事。在这一背景下，我国农村地区开始了新一轮学校布局结构的调整。

在这样的背景下，地方政府希望通过扩大学校规模来降低生均成本从而提高教育的规模效益。从经济学角度来看，就是希望用尽量少的劳动消耗取得尽量多的有用成果。基于这样的考虑，在中西部农村很多地区，地方教育行政部门提出了"一乡一中心，中学进县城"的教育发展规划，在学校布局调整的过程中通过把小学集中到乡（镇）中心校，把中学全部集中到城区建设"巨型学校"的做法，扩大学校规模，提高教育资源利用率，从而降低学校的管理运行成本，提高办学效益。甘肃省 2009 年基础教育工作会议决定，全省按照"高中向城市集中，初中向城镇集中，小学向乡镇集中，教学点向行政村集中"四个集中原则，展开中小学布局大调整的工作。一场政府主导、由上而下，全面涉及城乡基础教育的学校布局调整拉开了序幕。

第一节　我国公共教育政策的发展演变过程与主导力量分析

一　我国公共教育政策的发展演变过程

（一）学校布局的一村一校时期

十年"文化大革命"结束以后，为了尽快恢复正常的社会秩序和加快国民经济的发展速度，从 1978 年开始，以邓小平为核心的新一代中央领导集体在政治上实行权利平等，打破大锅饭，消除绝对平均主义，在经济上推行让一部分地区、一部分人先富起来的思路，也就是后来在很多地方都被引用的"效率优先，兼顾公平"执政理念。从 1980 年开始，中央政府在江苏和四川财政体制改革试点的基础之上，推行了一系列旨在重新划分中央与地方财政收支责任——"分灶吃饭"式的财政改革措施。改革的首要目标是通过赋予地方更大的财政管理权限，以调动地方政府增加财政收入的积极性，发展地方经济。中央政府希望这些分权化的改革措施在推动地方经济迅速发展的同时，提高地方对中央的财政贡献，缓解中央的财政赤字压力。

1982 年，国务院颁发《关于实行"划分收支、分级包干"财政体制的暂行规定》，决定除了三个直辖市之外，其他地方均实行不同形式的财政包干体制，即实行所谓的"分灶吃饭"。这个规定的主要内容是对财政收入进行分类，划分为固定收入、分成收入和调剂收入三类。而财政支出按照企业和事业单位的行政隶属关系进行划分，地方财政在划定的收支范围内多收多支、少收少支，自求平衡。"划分收支、分级包干"，即由"一灶吃饭"改为"分灶吃饭"。分为中央一个灶，地方 20 多个灶，打破了统收统支，吃大锅饭的局面。收入有了明确的划分，谁的企业管好了，好处就归谁所有。支出也有明确的划分，谁的支出冒了，就由谁负责。这种体制是在中央统一领导和计划下，进一步明确了各级地方政府财政的权利和责任，做到权责结合，充分发挥中央和地方两个积极性，有利于经济的调整和整顿。除了上述"分灶吃饭""分级包干"之外，还有分步实施、分级管理的特点等。

分权化的财政体制改革成为推动 20 世纪 80 年代中国经济发展，尤其是地方工业高速增长的重要因素之一。通过赋予地方政府更大的财政管理权限，推行旨在硬化地方财政预算约束的包干式收入划分体制，成功地调动了地方政府和官员的理财积极性。从此，各级地方政府一改统收统支体制下的超然态度，全心全意地投入推动地方经济发展的事业中，使地方政府财政收入增加，财力不断增强，使其有能力增加对本地区的重点建设项目，以及教育、科学、卫生等各项事业的投入，促进了地方经济建设和社会事业的发展。同时"分灶吃饭"和"财政包干"的财政管理体制，为农村教育投入体制的变化奠定了制度框架和物质基础。可以说，"分级办学"体制正是在上述宏观财政体制变革的背景下出台的。1980 年 12 月，中共中央颁布的《关于普及小学教育若干问题的决定》提出："在我们这样一个人口众多、经济不发达的大国，普及小学教育，不可能完全由国家包下来，必须坚持'两条腿走路'的方针，以国家办学为主体，充分调动社队集体、厂矿企业等方面办学的积极性。还要鼓励群众自筹经费办学。……农村小学的校舍维修和课桌凳的购置，一般应由社队主要负责，国家酌情给以补助。"这份文件表明了政府对以往国家化办学体制效率的重新思考，并初步实现了从"人民教育国家办"到"人民教育人民办"的思想转变，为后来的基础教育"分级办学，分级管理"体制奠定了基础。1984年12月，国务院发布《关于筹措农村学校办学经费的通知》，首次提出由乡镇政府向农民征收"教育费附加"的概念，但此时尚未明确规定该项经费的使用方向。1985年5月，中共中央出台了《关于教育体制改革的决定》，明确提出"把发展基础教育的责任交给地方"，以及"实行基础教育由地方负责、分级管理的原则"。该决定指出："实行九年制义务教育，实行基础教育由地方负责、分级管理的原则，是发展我国教育事业、改革我国教育体制的基础一环。""基础教育管理权属于地方。除大政方针和宏观规划由中央决定外，具体政策、制度、计划的制定和实施，以及对学校的领导、管理和检查，责任和权力都交给地方。省市（地）、县、乡分级管理的职责如何划分，由省自治区、直辖市决定。"

为了保证地方发展教育事业，国家规定除了国家拨款以外，地方机动财力，应有适当比例用于教育，乡财政收入应主要用于教育。地方可以征收教育费附加，此项收入首先用于改善基础教育的教学设施，不能挪作他用。地方要鼓励和指导国有企业、社会团体和个人办学，并在自愿的基础上，鼓励单位、集体和个人捐资助学，但不得强迫摊派。同时严格控制各方面向学校征收费用，减轻学校的经济负担。1986年4月，第六届全国人民代表大会通过的《中华人民共和国义务教育法》进一步使"分级办学，分级管理"法律化。同时，《义务教育法》还规定，发展义务教育所需经费，主要通过各级财政拨款、征收教育费附加以及社会捐资助学等途径筹措。与之相配套，1986年4月，国务院发布《关于征收教育费附加的暂行规定》，明确农村教育费附加应用于农村学校的基建。在"分灶吃饭"和"财政包干"体制之下，上述所谓"基础教育由地方负责"的原则，在县级行政区域内，则被普遍落实为由县（区）、乡（镇）、（行政）村"分级办学"的制度。1992年3月，国家教委《〈中华人民共和国义务教育法〉实施细则》详尽规定各级政府乃至行政村的教育投入责任。至此，农村地区"分级办学"的教育投入体制已然形成。在此体制下，县级财政主要承担少数城区学校的教育投入责任，乡镇财政负责本地中心小学和乡镇中学（主要是初级中学）的经费投入，行政村（也有个别自然村）则需负责村办小学部分经费的筹措工作。

通过以上的分析我们可以看出，"分级办学、分级管理"体制是为了适应1978年以来农村经济体制改革发展的需要，是为了适应当时"分灶吃饭"和"财政包干"财政制度的产物。"划分收支，分级包干"财政管理体制是为了刺激地方政府发展经济的积极性而设立的一种竞争性的制度安排，从这一制度的设计取向上，就体现出一种"效率优先"的思路，在这种财政管理体制框架下出台的"分级办学，分级管理"基础教育管理体制，同样体现出政府在公共教育政策的制定上"效率优先"的思维，致使效率成为自1985年以来教育改革的一个重要价值向度。在追求效率的公共教育政策出台之后，各级地方政府总是通过中央集权国家的制度刚性把教育事权层层下卸，导致在公立学校系统内出现了"县办高中，乡镇办初中，村办小学"的状况，农村义务教育管理进入了"乡镇化时代"。为了"让所有适龄儿童有学上，有书读"，各地乡镇政府努力筹措资金，发动群众集资兴建校舍，改善办学条件，在一轮捐资兴学的热潮之后出现了村村有小学的局面，但是这一局面的背后却是政府"效率优先"的公共教育政策取向与广大农民群众对农村基础教育的巨额投入。

（二）学校布局调整时期

从1985年起，国务院决定实行"划分税种，核定收支，分级包干"的新体制，并规定"五年不变"。其结果是"包死中央、包活地方"，在调动地方财政积极性的同时，直接造成中央财政收入在全国财政总收入中所占比重的急剧下降，严重影响到中央政府宏观调控全国经济和推动社会发展的财政支撑能力。为了扭转中央财力不足的局面，1993 年 12 月，国务院发布《关于实行分税制财政管理体制的决定》，规定从 1994 年 1 月 1 日开始，在中央和地方之间，实行"两分一返"的"分税制"改革。即按税种划分中央和地方财政收入的不同范围；中央和地方分设税务机构分别收税；中央集中大部分财力后，再对地方实行税收返还和转移支付。从税种的具体划分看，中央政府控制着关税、消费税、大型国企所得税、增值税、金融等垄断性机构所得税等大宗稳定性税收，地方政府则获得了一些零散性的不稳定税收。实施"分税制"的结果是，大大提高了中央财力占全国财政总收入的比重，中央的财力大大加强。1994 年以后，地方各级政府之间也逐渐开始进行"分税制"改革。按照"分税制"的一般原则，地方各级政府在划分收入范围时，通常把税源充足、调控功能较强的税种划归上级政府，而把税源分散在地区之间、分布不均衡，又适于在一定区域发挥调控作用的不稳定税种划归下级政府。但在优势税源层层向上集中的同时，却没能对下级财政的事权支出范围进行相应的调整。这种事权与财权的不对称性，大大加重了乡镇财政的支出压力。

1994 年实行的"分税制"改革，其主要目的是解决中央政府财力不足问题，在层层上收财政权力的同时，并没有压缩乡镇财政的事责范围。所以税收在经过了省、市、县逐层向上集中之后，乡镇财政预算内收入最后只剩下"农业四税"（农业税、农业特产税、耕地占用税和契税）的一部分及工商税中的一些零星税收。为弥补预算内财政收入的缺口，1994 年"分税制"之后，各地乡镇财政就只有扩大预算外财政收入一条途径。"分税制"造成的乡镇财政刚性支出缺口增大，直接成为后来加重农民负担的制度性诱因。因为在乡村社会的利益博弈格局中，乡镇财政在财力有限的情况下，面对着机构林立、人员膨胀以及文教卫生诸多旺盛的刚性支出需求，就必然要通过增加农民负担来维持乡镇政府所辖各个机构的正常运转，这就造成了当时农村基层政权的不稳定。这一时期农村干群关系极为紧张，出现了很多影响社会稳定的大规模群体性事件，严重干扰了良好的经济发展环境。为了扭转这一局面，中央政府从 2000 年开始，先是在安徽省试点，然后在全国范围内逐步推行以减轻农民负担为政策目标的"税费改革"。这一改革的实质就是在中央政府的有效控制下，对农村社会中国家（乡镇政府）、集体（行政村）和农民三方利益结构关系进行的一次调整与重组。"税费改革"当然减轻了农民的负担，但同时也意味着乡镇财政的又一次重大"减收"。

在"税费改革"之后，乡镇财政的锐减也就从制度上造成了对农村学校教育投入的不足，同时由于教师工资上调，学校基建负债及"一费制"造成学校收入减少等因素的交互影响，这一时期的农村学校大都陷入公用经费短缺、难以正常运转的艰难困境之中。同时，农村义务教育财政投入不足，造成这一时期很多学生因为上不起学而辍学的问题。面对"税费改革"后凸显出来的农村学校危房、拖欠教师工资和巨额教育债务问题，中央政府不得不做出应对之举。2001年5月，国务院发布的《关于基础教育改革与发展的决定》提出："从2001年起，将农村中小学教师工资的管理上收到县……由财政部门根据核定的编制和中央统一规定的工资项目及标准，通过银行直接拨入教师在银行开设的个人账户中。在此基础上，为支持国家扶贫开发工作重点县等，中西部困难地区建立农村中小学教师工资保障机制，中央财政将给予适当补助。"2002年5月，国务院办公厅发出《关于完善农村义务教育管理体制的通知》，在明确规定省、（地级）市、县（区）、乡（镇）、行政村各方教育责任范围的同时，又明确提出了乡镇政府不再负有教育投入的责任，农村义务教育实行"以县为主"的基础教育管理体制。至此"以县为主"的农村基础教育管理体制得以正式确立，"分级管理，分级办学"的体制退出了新中国教育发展的历史舞台。

在"以县为主"的教育财政管理体制中，中央和省级政府对农村义务教育只负有规划、制定标准和督导的责任，地市级政府除了负有向特殊贫困地区的县级政府实行转移支付责任以外，基本上只发挥检查和督导功能。"县"级政府则承担了发展辖区内基础教育的主要职能，其大致包括以下五个方面：（1）统筹规划当地基础教育，尤其是义务教育发展；（2）负责中小学师资队伍建设和管理，统一发放教师工资；（3）保障辖区内的基础教育投入，包括危房改造、学校公用经费等；（4）协调学校与其他社会组织和个人的关系，动员和组织民间力量参与学校发展，负责多渠道筹资；（5）负责处理辖区内中小学债务问题。① "以县为主"的农村义务教育财政管理体制为长期以来投入严重不足的农村基础教育打开了新的局面，确保了农村义务教育的投入不低于税费改革以前的水平。但是，对于中西部地区的很多农业大省来说，"以县为主"的基础教育管理体制开始实行之后，县级财政在面对义务教育经费的庞大需求时感到了前所未有的压力，这些中西部地区农业大县的财政面临着"主"不起义务教育经费需求的危险，长期存在的县级财政能力薄弱的问题更加凸显。为解决这一问题，中西部地区很多以农业为主的县开始通过农村学校布局调整来提高教育投资的规模效益，以减轻县级政府和教育部门的财政压力。

毫无疑问，"以县为主"的农村义务教育投入管理机制在很大程度上改善了"分级管理，分级办学"所造成的农村义务教育困境，但是，由于中西部很多地区县级财政保障能力有限，基础教育经费投入给各级地方政府带来了巨大的财政压力，县及县以上政府希望通过农村中小学布局调整，提高资源利用效率，减轻财政压力，所以从2001年我国实行"以县为主"的教育财政和管理体制开始，各级地方政府就把学校布局调整作为应对税费改革后政府财政压力的一项重要的公共教育政策推广。当然，减轻县级政府和教育部门的财政压力并不是农村学校布局结构调整的唯一原因。农村学校布局结构调整是由于农村学龄人口锐减、农村学校布局分散、规模小、质量低等多方面原因共同作用的结果，但不容置疑的是，各级政府尤其是县级政府在面对巨大财政压力的情况下，对教育规模效益的追求则是农村中小学布局调整的初始动力。因此，我国农村地区从2001年开始的新一轮学校布局结构调整这一政策明显带有追求效率的取向，依然是一种

---

① 鲍传友、冯小敏：《徘徊在公平与效率之间：中国基础教育管理体制变迁及其价值向度》，《教育科学研究》2008年第5期。

公共教育政策制定中"效率优先，兼顾公平"的思维。

（三）四个集中的开始

"以县为主"的教育财政和管理体制实行之后，中央和省级财政纷纷加大了对县级财政的教育转移支付力度，以填补"税费改革"之后农村教育费附加取消所造成的经费缺口。尤其是在不少地方开始推行"教师工资发放县（市）长负责制"和一系列保障性措施以后，在全国范围内基本上实现了"四个"确保的目标，即确保农村义务教育的投入不低于税费改革前的水平，确保农村中小学教师工资发放，确保师生安全，确保农村中小学公用经费，解决了长期以来教师工资的拖欠问题，对于稳定农村教师队伍起到了积极的作用。然而，这并不意味着"以县为主"的体制能够有效地解决农村基础教育投入不足问题。因为上级部门的专项教育财政转移支付与县级财政教育经费需求之间依然存在着较大的差距，许多地区县级财政所面临的压力仍然很大。同时从2002年开始实施的"一费制"政策，虽然减轻了学生家庭的负担，但也造成了农村学校的较大减收，这在客观上使农村学校经费进一步紧张。在上述多重因素的综合作用之下，中西部地区农业大省的县级财政在义务教育经费的庞大需求面前出现了"主"不起来的问题，结果导致地方政府大幅削减教育经费开支，降低农村教师待遇标准，不少县级财政部门遂屡屡出现截留、平调、挪用或挤占上级专项转移支付和将书杂费用于发放教师工资的现象。困扰农村的债务问题也没有得到很好的化解，不少农村学校丧失了偿还"普九"基建债务的可能性，从而加剧了农村教育债务危机。显然，"以县为主"的体制仍然不能够很好地解决广大农村地区长期存在的教育投入严重不足、公用经费严重短缺以及负债沉重等问题。

新的一届中央领导集体上任以后，提出了"构建社会主义和谐社会"和"建设社会主义新农村"的构想，从这一构想出发，为了解决农村基础教育问题，2005年12月，国务院发布《关于深化农村义务教育经费保障机制改革的通知》，正式推出了以加大中央财政转移支付力度为核心，以省级政府负责统筹和落实辖区内农村义务教育经费为抓手的"农村义务教育经费保障新机制"。以此为基础，2006年

6 月，全国人大通过的新修订的《义务教育法》进一步规定："义务
教育经费投入实行国务院和地方各级人民政府根据职责共同负担，
省、自治区、直辖市人民政府负责统筹落实的体制。农村义务教育所
需经费，由各级人民政府根据国务院的规定分项目、按比例分担。"
在"省级统筹"体制下，农村义务教育投入的基本原则是"明确各
级责任、中央地方共担、加大财政投入、提高保障水平、分步组织实
施"，最终目标则是逐步把农村义务教育全面纳入公共财政保障范围，
从而建立起中央和地方财政"分项目、按比例"分担农村义务教育
经费的财政保障机制。显而易见，在"省级统筹"体制下，中央和
东部发达地区的省级财政必将承担起更多的农村教育投入责任。在此
体制下，在农村义务教育免费后，农村教育投入的经费已主要来自县
级以上政府财政"分项目、按比例"拨付。正是在"省级统筹"体
制下，2007 年秋季，我国农村开始推行义务教育免费政策。我国现
行的"省级统筹"体制，启动了农村义务教育免费的划时代进程，
使我国农村基础教育的发展得到了国家财政的强力支持，真正实现了
农村教育由"人民教育人民办"到"人民教育政府办"的历史性
转变。

农村教育财政投入体制从"以县为主"到"省级统筹"的变化，
其实质是农村基础教育财政保障责任的上移，这对于我国农村基础教
育的发展具有非常重要的意义，因为这种教育财政保障主体的上移使
得农村基础教育保障能力大大加强。但是由于义务教育经费保障责任
的上移，"省级统筹"政策的出台，同样也加重了省级财政的负担，
这对于东部发达省份来说不算什么，然而，对于中西部地区的农业大
省而言却给省级财政带来了巨大的压力。在这样的背景下，中西部省
份的政府希望通过扩大学校规模来降低生均成本，从而提高教育规模
效益，以便缓解这种财政压力。从经济学角度来看，就是希望用尽量
少的劳动消耗取得尽量多的有用成果。基于这样的考虑，中西部地区
的农业大省由省教育厅直接牵头来推动当地的农村学校布局调整，许
多地方教育行政部门在省教育厅的直接指导下提出了"一乡一中心，
中学进县城"的教育发展规划，在学校布局调整的过程中，通过把小

学集中到乡（镇）中心校，把中学全部集中到城区的做法，扩大学校规模，提高教育资源利用率，从而降低学校的管理运行成本，提高教育的规模效益。以西部经济发展落后的甘肃省为例，2008 年 9 月，甘肃省基础教育工作会议在酒泉召开，会议提出了新一轮教育布局调整要以撤点并校为基础，以创办寄宿制中小学为突破，坚持"高中、初中阶段学校向县城集中，小学向中心乡镇集中，学前教育向中心村集中，新增教育资源向城镇集中"的规模办学思路。2009 年基础教育工作会议又提出，全省按照"高中向城市集中，初中向城镇集中，小学向乡镇集中，教学点向行政村集中（简称四个集中）"的原则，展开中小学布局大调整工作。笔者在田野调查中看到，现在甘肃河西的有些县已经不办高中了，高中被搬迁至所在地级市。① 同样，还有地处西北的宁夏回族自治区，从 2006 年开始撤并南部山区的所有中学，在自治区首府银川市建立几所学生人数超过万人的"巨型中学"，山区的学生全部被集中在这些学校就读。② 我们可以看到，"省级统筹"的农村教育财政投入新体制实行之后，学校布局调整由原先的县域内教育行政部门根据自己的实际情况展开工作，发展成为由省级人民政府主导，自上而下，全面涉及城乡基础教育的运动。

通过对改革开放以来学校布局所呈现的"一村一校—布局调整—四个集中"这一发展变化轨迹进行逻辑分析，我们可以清晰地看出我国农村基础教育投入管理体制的变化。事实上，农村基础教育投入管理体制从"分级办学，分级管理"到"以县为主"，再到"省级统筹"的变化才是引起学校布局不断变化的主要制度性原因。随着农村基础教育保障责任的不断上移，各级政府为了规避财政压力，着眼于解决长期以来我国农村学校布局所存在的布点分散、规模小、质量低等问题，制定了农村学校布局调整的公共教育政策，提出了"实现教育公平，促进教育均衡发展，全面提高农村教育质量"的思路，然而，通过对学校布局发展变化原因的分析，如果我们跳出整个事件来

---

① 甘肃省敦煌市所辖的阿克塞县的高中搬至敦煌市，阿克塞县不办高中了。
② 从 2006 年开始，宁夏回族自治区教育厅撤并了南部山区所有中学，在银川建起了学生人数超过万人的六盘山中学和育才中学。

看教育政策的制定，则可以发现我国农村基础教育投入管理体制变化是在国家经济体制改革和宏观财政体制改革的制度框架之下发生的，完全依循着一条追求效率的公共教育政策制定取向。

不管是"分级办学，分级管理"这一"效率优先"的公共教育政策出台所导致的广大农民群众对农村基础教育进行巨额投入而产生的"一村一校"；还是后来"以县为主"政策时期各级政府尤其是县级政府为了应对税费改革后的财政压力所采取的"学校布局调整"的公共教育政策；抑或是"省级统筹"时期，因"农村义务教育经费保障新机制"实施所带来的义务教育经费保障责任上移，加重了省级财政负担，为缓解压力而实行"四个集中"（高中向城市集中，初中向城镇集中，小学向乡镇集中，教学点向行政村集中）政策，以扩大学校规模来降低生均成本，提高教育规模效益的公共教育政策，都鲜明地反映了公共教育政策制定的逻辑线索，完全是沿着理性取向进行的，这一取向导致在很多时候公共教育政策的天平都偏向了"效率"，也就是说，在价值取向与理性取向之间更多地偏向了理性而舍弃了价值。对于理性与价值这两个制定公共政策并行不悖的、不可偏废的方面，合理的公共政策制定必须追求科学的理性决策取向和人本的价值决策取向的和谐统一，政策决策部门本应该在促进理性和价值两个方面承担起主要责任，但是，在我国基础教育领域，公共教育政策的制定却更多地追求规模效益，提高教育效率。正如美国著名学者诺斯所言："路径依赖性意味着历史是重要的。如果不回顾历史的渐进演化，我们就不可能理解当今的选择。"① 只有分析我国公共教育政策的演变路径和公共教育政策的取向，才能清楚地认识问题出现的原因，为正在进行的农村学校布局调整提供一些有益的启迪和思路。

当前发生在我国基础教育领域的农村学校布局调整，在政策取向上，教育行政部门不能简单地以农村学校数量的减少和中心学校规模的扩大这样一些提高教育效率、实现规模效益的指标来衡量其工作成效，而是应该把重点放在城乡教育均衡发展、农村优质教育的实现

---

① D. C. 诺斯：《制度、制度变迁与经济绩效》，上海三联书店 1994 年版，第 12 页。

上。只有做到实现城乡教育公平和追求规模效益的统一，才能保证农村地区义务教育的健康发展。因此，在农村学校布局调整过程中，不能为了减轻财政压力而采取扩大学校规模的举措来降低生均成本，实现教育规模效益。地方教育行政部门一定要根据本地区的实际情况，在多方调研、听取方方面面意见的基础上，科学地制定符合本地区实际的学校布局调整规划，以一种内生的草根形态温和、稳妥地推进农村中小学布局调整。同时，上级主管部门也应该取消学校数量减少和寄宿制学校建设推广等硬性评价指标，改变单纯追求教育效率的政策思路，在教育公平与教育效率之间寻求一种平衡，用教育公平与教育效率并重的思路来指导农村学校布局调整工作的健康进行。以笔者选取的田野调查点山丹县为例，学校布局调整工作就应该按照每个乡镇的人口分布（村落分布）、道路状况（交通是否便利）、自然条件（山区或平原）等因素，在充分论证的基础上制定符合本地实际情况的学校布局调整规划和调整后学校的办学模式（一餐走读模式、校车接送模式、一餐走读与校车接送相结合模式和寄宿制模式）。

二 公共教育政策制定过程中的主导力量

我国公共教育政策从"分级办学，分级管理"到"以县为主"，再到"省级统筹"农村义务教育经费保障新机制的变化，完全是在国家经济体制改革和国家宏观财政体制的框架之下发生的。"分级办学，分级管理"体制是为了适应1978年以来农村经济体制改革发展的需要，是适应当时"分灶吃饭"和"财政包干"财政制度的产物。紧接其后登场的"以县为主"体制，也是国家"分税制改革"与农村"税费改革"政治性举措相互激荡的产物。"分税制"在大为增强中央财力的同时，直接导致了地方政府尤其是县、乡财政的紧张局面，从而成为间接增加农民负担的一个制度诱因；农村"税费改革"则在减轻农民负担、稳定农村社会的同时，造成了乡、村两级财力的严重萎缩。于是，为维系农村学校弦歌不辍，中央政府不得不采取措施，把"分级办学"调整为"以县为主"体制。及至新一代领导集体登台，执政理念丕变。在"以人为本"理念和"科学发展观"的引领下，构建"和谐社会"，建设"社会主义新农村"迅速成为中央政府施政的战略目标。面对改革开放以来"二元社会"鸿沟的急剧扩大，"三农"问题成为高层主政者思考的一个焦点问题。正是在这种背景下，强调社会公平和教育公平的政策举措纷纷出台，"省级统筹"新机制也就适逢其时地得以登场。[①] 通过对农村教育投入体制变迁过程的分析，我们可以看出，我国发生的，是其公共教育政策的变化，往往是在作为制度环境的政治经济或财政体制变革下"倒逼效应"的"衍生物"，从而具有很强的"外生性"。[②]

无疑，这种公共教育政策的变化路径一再显现出把教育事业当作政治经济的衍生物特点。教育现代化的历史研究和现实观察均显示出，一般而言，教育问题本身较难真正成为一个国家议事日程上的中心议题，从而获得优先解决。[③] 在更多时候，只有当教育问题被表达为"政治问题"之后，或紧随政治问题之后，或被认为具有较大的政治效用之后，才能进入主政者的决策视野，从而获得解决。尤其是在现代社会中，公共教育资源的大规模投入，只有政府才有力为之。而政府对于公共教育资源大规模的投入，或者作出何种教育投入行为，决非仅由社会大众甚至政府关于"教育重要性"的抽象理念认识来决定，而是更加受制于这项投入行为的预期政治效用之大小。这一判断不仅可在我国农村教育投入体制30年的变迁过程中得以确证，而且，即使在当前部分地区实施"高中教育免费"和"学前教育免费"政策的决策时，亦复如是。[④]

这一制度变迁的过程，体现出十分复杂的利益分配关系和政治博弈状况。就利益分配关系而言，有中央财政与地方财政、地方各级政府与农民之间权利的冲突与保障；而与这种利益关系相一致的，也就是各级政府之间、地方各级政府与农民之间权利的复杂政治博弈过

---

① 葛新斌：《农村义务教育投入体制变迁30年：回顾与前瞻》，《华南师范大学学报》（社会科学版）2008年第6期。

② 同上。

③ 褚宏启：《教育现代化的路径》，教育科学出版社2000年版，第11页。

④ 占才强等：《"超九免费教育"试水珠三角》，《南方都市报》2007年11月1日。

程。正是这种利益分配关系和政治博弈状况的复杂性，决定了中央和地方政府从逐渐下卸再到重新承担农村教育财政责任的历史表现，也就体现出各地在公共教育政策历史性的变迁过程中有着不同的历史表现，可谓是一副"人民教育国家办—人民教育人民办—人民教育政府办"的农村基础教育历史变化图景。

第一阶段"人民教育国家办"时期，在新中国成立之初，在"统收统支"的宏观财政体制下，国家仍然在中央和省、县等较高财政层级上承担着对农村教育发展的财政投入责任。第二阶段"人民教育人民办"时期，国家开始实行"划分收支、财政包干"的财政管理体制，为农村教育投入体制的变化奠定了制度框架和物质基础。"分级办学，分级管理"体制正是在"分灶吃饭"的宏观财政体制变革的情况下出台的。"分级办学"体制实行之后，中央和省、地三个层级逐层下卸了对农村教育发展的财政投入责任，使农村义务教育完全进入了"乡镇化时代"，几乎成了乡（镇）、行政（村）两级的专责范围，农村地区教育几乎完全是由农民来"买单"的，当时全社会广泛流传着时任国务院副总理李岚清的倡议口号"人民教育人民办"。第三阶段"人民教育政府办"时期，国家从1994年开始实行分税制改革，但是，国家在上收财政权力的同时却未就乡镇事权做出相应的调整，这一改革在大为增强中央财力的同时，直接导致了地方政府尤其是县、乡财政的紧张局面，从而成为间接增加农民负担的一个制度诱因，为了减轻农民负担、稳定农村社会，国家开始实行农村"税费改革"，同时在面对乡、村两级财力严重萎缩的情况下，国家开始实行"以县为主"体制，县级政府重新负担起了农村义务教育的投入责任。2006年，我国施行"省级统筹"新机制，开始在全国范围内实施免费义务教育政策，中央和省级人民政府完全承担了农村义务教育的投入责任。这种因国家农村经济改革和宏观财政体制变化而引起的农村义务教育投入管理体制的变化，就成了学校布局不断变化的诱致性原因。这也反映出学校布局调整这一公共教育政策的变化事实上是由于国家强制力量的影响而进行的。

　　国家对教育事业有效控制的最为直接的表现和手段，就是国家对教育投入管理机制的变化。分析已经表明，每一次国家对教育投入管理机制的变化都必将引起公共教育政策其他方面的变化，这使得我国公共教育政策的制定带有很强的国家主导、自上而下的特点。也就是说，每一次公共教育政策的变化都必然是由国家行政政策的某些变化引发的。"甚至可以说，此时教育投入行为本身，就已被操作成一个可以带来较好政治效用的政治行动；而农村教育投入体制的变迁，也就优先遵循着政治逻辑而非抽象的价值理念被不断建构出来。只不过在法治化程度较高的社会中，教育投入行为是被交给一个经由政治选举程序所产生的民意代表机关作决定；而在目前我国，则是直接由各个层级的行政官员作决策而已。明了此点，将有助于我们更好地理解和解释，为何农村教育投入体制的变革总是那么被动滞后，甚至带有'为他人补、作嫁衣'的性质。"[1]

　　事实上，新一轮农村学校布局调整的开展除了农村学龄人口的迅速减少，"一村一校"的学校布局不合理，"麻雀校"质量低、效益差之外，还有就是农村义务教育经费保障体制的变化，由于教育财政投入主体上移，各级地方政府出于缓解教育财政压力的需要。本来面对农村地区不少中小学生源不足，学校布局分散、规模小、质量低的矛盾日益突出的情况，调整学校布局、优化教育资源配置对于促进农村基础教育的发展是非常必要的，但是，由于各级地方政府出于缓解教育财政压力的考虑，对规模效益的过度追求，使其走向了以创建寄宿制学校为突破口的"四个集中"（高中向城市集中，初中向城镇集中，小学向乡镇集中，教学点向行政村集中），这使得本来以促进农村基础教育发展，实现教育公平、城乡教育均衡发展为目的的公共教育政策偏离了"以人为本、以社会为本、科学发展"的价值向度。同时也反映出我国公共教育政策制定和执行中所存在的冲突与制度上的缺陷。因此，研究学校布局调整这一公共教育政策变化的一个重要

---

　　[1]　葛新斌：《农村义务教育投入体制变迁30年：回顾与前瞻》，《华南师范大学学报》（社会科学版）2008年第6期。

视野，就是考察政策制定过程中的主导力量，只有这样才能准确全面地理解我国公共教育政策变化的实质。

第二节 公共教育政策实施过程中暴露出的规划不合理问题

古人讲"凡事预则立，不预则废"，其意思就是说我们在考虑任何问题、做任何事情时，都必须有一个先期的计划，对整个事情未雨绸缪地做好准备，这样就容易成功，反之则可能遭到失败。同理，在教育领域也是如此。公共教育政策制定出台之后，就要根据区域的具体现实情况来付诸实施，这就产生了为解决某个特定的教育问题或者为了达到某个预定教育目标的教育规划。公共政策的具体实施事实上是一个先期制定规划和后期具体实施的过程，在整个过程中所执行的蓝本都有赖于规划的制定。科学规划具有很强的科学理性取向，是在对未来形势发展作出预估的基础上予以规划与准备。对于学校布局工作而言，在早期考虑布点的时候就需要根据当地的客观实际情况做一个科学规划，这样才能做到既方便学生入学又可以避免日后教育资源的浪费。但是，在我国教育发展过程中，由于长期缺乏一种对学校进行科学布点的规划意识，导致在学校布局上出现了很多问题。

一 缺乏教育规划时期

为了修复十年"文化大革命"期间被破坏的教育体制，弥补人才损失，1978 年新的中央领导集体确立了"教育必须为社会主义建设服务，社会主义建设必须依靠教育"的指导思想，提出了新的教育目标在于为我国经济和社会发展培养各级各类能坚持社会主义方向的人才。为了解决当时义务教育普及率普遍较低的问题，国家在 1980 年12 月颁布了《关于普及小学教育若干问题的决定》，开始在全国范围内普及小学教育，从入学率、巩固率、毕业率、及格率四个方面责成各地政府努力完成。1986 年国家颁布了《义务教育法》，从中央到地方普及义务教育成为全社会的共识。伴随着国家经济体制改革和国家宏观财政体制的变化，农村义务教育的投入管理体制由原先的国家"统收统支"变化为"分级办学，分级管理"，进入了农村义务教育投入管理的"乡镇化时代"，省、市县层层下卸自己对农村教育发展的财政投入责任，农村义务教育的发展几乎成了乡（镇）、行政（村）两级的专责范围。在这种农村义务教育的管理权下放到基层乡镇的情况下，各级党政一把手都签订了普及九年制义务教育责任合同书，成为"两基"攻坚工作的第一责任人。为了完成上级政府安排的普及义务教育的任务，各地乡镇政府使出浑身解数，到处筹集资金，发动群众捐资兴建学校，改善办学条件。同时为了在城乡各地普及九年制义务教育，共青团中央倡导并推进了"希望工程"项目，集中社会力量捐资助学，为各地农村特别是西部贫困地区修建了大量的"希望小学"。加上国家从20世纪90年代开始投入巨额建设资金，实施了义务教育工程等各项促进中西部农村基础教育发展的工程。到20世纪末，全国各地的每一个村几乎都建起了漂亮的学校，即便是在一些非常贫困的地区也可以看到全村最漂亮的建筑就是学校的景象，基本上实现了"一村一校"的学校布局。

在这种"普九兴学"的浪潮中，作为各地教育管理部门的市县教育局根本就没有一种对学校的布局进行先行指导的教育规划意识，只是把学校数量的增加和义务教育普及率的提升作为自己的教育政绩。在笔者为研究学校布局调整而下乡调查的过程中，曾经和很多教育管理部门的老同志谈到当年学校布局缺乏规划的问题，他们表示，在当时"分级办学"的制度背景下，作为教育管理部门的县教育局只有宏观指导的职能，乡镇政府拥有完全的自主权，建校的决定权在乡镇。当时的分级办学体制导致宏观调控难，让几个村合办小学确实难以形成共识，对学校的布局根本就不可能作出任何规划。但事实上，在当时的制度背景下并不是说教育管理部门就不能对学校的布局进行先期规划指导，因为上级教育管理部门依然具有管理当地教育事业的责任和权力，而是在于教育管理部门缺乏一种对学校布局进行先期规划指导的意识。学校的布点基本上都是乡镇政府和村级组织在一种缺乏区域教育全局发展战略规划意识的情况下进行的，带有很大的盲目性，就是小学以村为单位、初中以乡为单位建设，根本就没有把县域作为一个区域的学校布局规划，即便是"希望工程"等项目的小学建设也是以村为单位进行的，同样没有一个先期规划指导，在很多情况下就是哪个村没有学校或者学校破旧，"希望工程"等项目的资金就流向哪里，根本没有做到有序的接受捐赠，这也成为今天很多"希望工程"等项目学校被废弃的主要原因。如果当时能够在区域教育全局发展的战略视角下，对学校的布局进行先期规划指导，对"希望工程"等项目在先期规划的前提下做到有序接受，经过多年的建设和投入这些学校可能就会成为优质教育资源了。虽然社会系统为教育的发展提供了相当的资源配给，同时也通过一定的组织和项目将这些分散的社会资源集中起来，然而，由于没有事先进行科学的教育规划（或者说根本就没有规划），也就没有办法让这些社会资源在教育领域发挥作用，从而造成了社会资源的浪费。

虽然说从20世纪80年代开始的集资办学浪潮，对当时"穷国办大教育"的中国农村基础教育发展起到了巨大作用，但是，从学校布局科学规划的角度看，确实缺乏科学、合理的教育规划。这一时期，国家和广大人民群众，还有热心公益事业人们的巨额投入在很多地区催生了大量的新校舍，出现了村村有小学，乡乡有初中的局面，这种"一村一校"的学校布局状况在学龄人口高峰期确实让人感到"普九"工作的成效，但是，随着人口高峰的退去，学龄儿童锐减，我们才看到当时学校布局随意性所带来的问题。应该说，长期以来，在我国整个教育系统内都缺乏一种进行教育规划的意识，不具备规划的相关知识，没有做到根据当地的客观实际研究，不多方听取意见，以系统的方法、科学的态度，慎重地处理相关问题，尽量做到与客观实际相符合而不是主观臆断；没有做到在公共教育政策出台之后，以规划帮助公共教育政策目的的实现，从而扩大教育投资的效果和有效运用社会资源。因为只有通过对教育进行审慎的规划，有教育规划的先行指导，才能够对教育资源进行合理配置，以避免教育资源浪费，确保教育经费的有效运用，进而提高教育投资的效率。在我国教育发展过程中有很长一段时间由于缺乏教育规划意识，没有看到公共教育政实施过程中进行规划的必要性，所以出现了盲目的教育投资，导致在学校布局调整过程中出现巨额教育资源浪费现象。

笔者在中西部很多地区进行调研的过程中发现，农村学校在学校布局调整的"四个集中"过程中，一方面是国家在大规模地投资兴建能够产生规模效益的城区学校，另一方面是撤并农村学校后大量闲置或废弃的中小学校舍，这种浪费现象的出现就是因为政府对区域教育的发展缺乏详细的考察和分析，未能进行科学合理的规划所造成的。长期以来，教育行政部门缺乏一种进行教育规划的意识，对很多农村地区的学校布点具有很大的随意性，对政府的教育资源和全社会的资源投向缺乏一种长期的、前瞻性的规划和考虑，在地区学龄人口出现变化、基础教育亟须得到发展的时候，就出现了国家和全社会多年对农村教育建设的投资付之东流的现象，导致出现这种城区教育资源紧张与农村教育资源闲置并存的结构性浪费。因为社会资源未经组织以前原本是分散的，难以自行发挥其影响力，但是通过恰当的教育规划，就可以引导社会资源在教育领域发挥作用，当然，如果没有一个事先的系统规划，就可能会让这些社会资源被浪费掉。通过对"普九"时期"一村一校"建设所产生的巨额浪费问题的分析，我们可以看出这一时期是一个缺乏教育规划的时期。

二　教育规划的开始

随着 20 世纪 90 年代"分税制"改革和"税费改革"的实行，国家宏观财政体制发生了变化，但是，在县乡财权发生变化的同时，事权并没有跟着做出相应的调整，在"分税制"改革和"税费改革"的共同作用下乡镇财政收入锐减，这使得乡镇对于农村基础教育的投入也跟着急剧减少，致使这一时期爆发了一系列诸如农村学校公用经费短缺、教师工资常年拖欠的教育危机。中央政府为了应对这一教育危机，2001 年 5 月，国务院发布《关于基础教育改革与发展的决定》，首次提出基础教育由地方政府负责，分级管理，但要"以县为主"，并规定乡镇政府负有为农村学校筹措"公用经费"的责任。2002 年 5 月，国务院办公厅发出《关于完善农村义务教育管理体制的通知》，在清晰界定省、（地级）市、县（区）、乡（镇）、行政村各方教育责任范围的同时，明确乡镇政府不再负担基础教育发展的投入责任。"以县为主"体制得以正式确立，这就意味着教育财政投入的主体上移，县级政府重新负担起了农村义务教育的投入责任。

"以县为主"体制实行以后，农村教育投入管理的责任重新回到了县级教育行政管理部门手中，县级教育行政管理部门作为区域教育发展的管理机构在面对教育经费短缺、农村学龄人口减少以及农村学校教育质量低下等一系列问题时，开始意识到科学的教育规划制定与执行对于区域教育发展的重要性。很多地区的县级教育行政管理部门开始结合当地的实际情况，制定统一的、整体的区域教育发展规划来指导当地教育的发展。尤其是在学校布局问题上，县级教育行政管理部门开始有计划地进行布局调整，改变原先"村村办学校"的极不合理的学校布局。但是"以县为主"体制实施以后，教育行政管理部门制定的区域教育发展规划，是以缓解县级政府财政压力为主要目的的一种自发行为。以甘肃省最早开始进行学校布局调整工作的酒泉市金塔县为例来说，现任金塔县教育局副局长刘仲英告诉笔者，2001年左右，他作为一个学区的负责人，在面对整个学区学校布局分散、教育质量低下和财政困难的情况下，他向县教育行政管理部门提出了"整合优质教育资源、撤点并校"的学校布局调整思路，后来在金塔县教育局主管领导的支持下制定了学校布局调整规划。事实上，这一时期教育规划的制定是一种一线教育行政管理人员的自发行为，他们并不具备规划的相关知识，只是根据当地的客观实际情况，在多方调查研究、听取意见的基础上，自发地做一些简单的教育规划。但是，恰恰是这些一线教育行政管理人员对教育问题的思考及其符合当地教育发展实际的简单教育规划，促成了符合区域教育发展实际的工作的开展。

随着中央财力的不断加强，面对全社会实现教育公平、促进教育均衡发展、全面提高农村教育质量的呼声，中央政府果断做出了改革农村义务教育经费保障机制的决定。2005年12月，国务院发布《关于深化农村义务教育经费保障机制改革的通知》，正式推出了以加大中央财政转移支付力度为核心，以省级政府负责统筹和落实辖区内农村义务教育经费为抓手的"农村义务教育经费保障新机制"。2006 年全国人大通过的新修《义务教育法》更是以法律的形式对"省级统筹"体制做出明确的规定，指出农村"义务教育经费投入实行国务院和地方各级人民政府根据职责共同负担，省、自治区、直辖市人民政府负责统筹落实的体制"。最终目标是要逐步把农村义务教育全面纳入公共财政保障范围，从而建立起中央和地方财政"分项目、按比例"分担农村义务教育经费的财政保障新机制。"省级统筹"体制的建立确确实实促进了区域内教育的均衡发展，对教育公平的实现有重要意义，特别是在满足农村义务教育学校基本办学条件需要和保障教师基本待遇方面做出了极大的贡献。但是，对于中西部地区的很多农业大省而言，尽管中央财政转移支付的力度很大，然而依然给财政带来了不小的压力。面对优质教育资源有限的现实和教育公平的理想，省级政府开始牵头指导各地制定学校布局调整规划，通过实现教育的规模效益来减轻财政压力，同时实现教育公平的理想。在大范围农村学校布局调整的过程中，由省教育厅牵头、各地县开始制定学校布局调整规划，但是，各级政府对教育效率的功利性追求，导致这些学校布局调整规划更多地倾向于实现教育的规模效益，而没有能够做到公平正义与规模效益之间的平衡。同时，因为这种规划完全是在上级政府要求之下自上而下的教育规划，所以规划的国家目标和任务都由省级政府说明，然后传达给地县，甚至将目标规划简化为学校数量的减少，所以规划没有能够与当地教育的实际情况相结合，出现了县级规划严重背离当地教育实际的情况。

事实上，完全采用这种自上而下的教育规划方式是无法适应区域教育发展的实际需要的，要想把既定的教育政策落到实处也是比较困难的。应该采用自上而下和自下而上相结合的规划方式，当规划的草案完成之后，为了使规划能够真正达成预期的教育政策目标，能够解决教育一线工作人员所面临的实际困难和问题，就应该考虑在自上而下规划草案的基础上，多方听取基层人员的意见，以乡镇、学区、县域为基本单位进行自下而上的微观规划，从具体现实出发使教育政策目标能够在现实中得到贯彻，使理想与实际能够结合起来。这样在对教育政策实施过程中采取自上而下和自下而上相结合的规划方式来制定规划草案，就可以在无形中纳入多方面的意见和看法，最后由规划小组成员进行整合，从而形成完整的书面规划草案。这种将自上而下和自下而上相结合的规划方式，使得教育规划一方面处在教育政策的框架之中，另一方面又能够与某一地区的实际情况相结合，使制定的教育规划在实现政策目标的同时更具有针对性。但是，目前中西部很多地区制定的区域教育发展规划和学校布局调整规划，采取的都是自上而下的规划方式，存在着与本地实际情况相脱节的问题。

以甘肃省各地的学校布局调整规划来说，基本上都是在省教育厅制定的"以撤点并校为基础，以创办寄宿制中小学为突破口""高中向城市集中，初中向城镇集中，小学向乡镇集中，教学点向行政村集中"的原则指导下制定出来的，各地的学校布局调整规划可谓大同小异，凸显的基本上是撤点并校、学校向城区集中和寄宿制学校建设的特点，整个学校布局调整规划的思路依循的是集中农村学校，在城区和乡镇建设寄宿制学校，走规模办学的路子。很明显这些学校布局调整规划并没有凸显各个县域的具体特点，没有能够与当地的实际结合起来，都不同程度地执行着省教育厅的规模办学思想，并不是从县域的实际情况这个土壤里生长出来的教育规划。更为危险的是，各地正在执行的学校布局调整规划究竟是不是经过充分论证、具有前瞻性的决策。经过布局调整后在县城和中心乡镇拔地而起的寄宿制中心学校，谁又能保证在五年或十年后它们会不会成为新一轮布局调整的对象呢？布局调整前分散办学所造成的教育资源浪费在布局调整后集中资源办学的过程中同样不能避免，各地教育行政部门对于未来十年甚至更为长远的教育发展规划或预测是不是具有科学性和前瞻性呢？

通过对学校布局规划历史的梳理，可以看出学校布局规划的历史主要分为两个阶段：一是缺乏规划盲目建校阶段，显然，这给后来出现的很多问题埋下了隐患。不可否认，科学合理的教育规划确实有助于教育目的的实现，尤其是能够合理配置教育资源并且避免教育资源的浪费。现在全社会已经形成了共识，即科学的教育规划制定与执行对于教育发展而言是非常必要的。二是意识到科学规划对于教育发展的重要性，开始运用自上而下决策的教育规划阶段。关于这种自上而下的教育规划的具体情况，我们在对山丹县学校布局调整的田野调查中已有所交代。这种自上而下的规划方式的优点是有明确的系统结构，也就是说，这种方式具备健全的执行机构，合理一致的目标，清晰的决策路径和充足的财政支持。但是在教育政策的实际执行过程中，面对目标的多元化、执行单位意见分歧、执行人员的认识差距等，这种规划方式无法适应基层人员的需要，要想把既定的教育政策落到实处是比较困难的。这种自上而下的教育规划存在的最大问题是，如果走向极端就有可能完全变成领导意志，有很多东西就会是规划起草人员根据领导的意图拍脑袋的结果。所以说，具备了科学规划意识之后，还要将规划的自上而下和自下而上方式结合起来，这样才能制定出真正指导区域教育发展的科学规划。

第三节　学校布局调整政策的后果分析

2001 年《国务院关于基础教育改革与发展的决定》指出，应"因地制宜调整农村义务教育学校布局。按照小学就近入学、初中相对集中、优化教育资源配置的原则，合理规划和调整学校布局。农村小学和教学点要在方便学生就近入学的前提下适当合并，在交通不便的地区仍需保留必要的教学点，防止因布局调整造成学生辍学"，"学校布局调整要与危房改造、规范学制城镇化发展、移民搬迁等统筹规划。调整后的校舍等资产要保证用于发展教育事业"，"在有需要又有条件的地方，可举办寄宿制学校"。同年，国务院召开的全国基础教育工作会议也将农村中小学布局调整列为发展农村义务教育要重点抓好的工作之一。在这些关于基础教育会议精神的指导下，各地政府纷纷制定本地区农村中小学布局调整规划，农村中小学布局调整在全国范围内大规模地展开。此后，2006 年 8 月，教育部针对某些地区农村中小学布局调整工作中所面临的问题，颁布了《教育部关于实事求是地做好农村中小学布局调整工作的通知》，以保障农村义务教育的健康发展。

但是，随着农村学校布局调整工作的展开，各地都纷纷制定本地区农村中小学布局调整规划，很多地区逐步将学校布局调整工作推向了"极致"，综合中国农业大学社会学系《中国乡村社会状况调查》课题组和华中师范大学《中西部地区农村学校合理布局研究》课题组的调查，再加上笔者从 2008 年 7 月到 2009 年 12 月分别对甘肃省和宁夏回族自治区的一些调查发现，农村学校布局调整政策已经在很多地方走向了极端，出现了农村学校迅速向城镇积聚集中办学的趋势。按照很多地区的学校布局调整规划，原先村落中的学校会迅速消失，基本实现"一个乡镇建设一所中心寄宿制小学，寄宿制中学全部进入县城"的目标。毫无疑问，这种极端化的农村学校布局调整政策会带来一系列的后果，在此笔者从两个视角进行分析说明。

一　公平与效率视角

公平与效率是一个经典的公共政策目标的权衡问题。农村学校布局调整就是教育行政部门面对优质教育资源有限的现实和教育公平的理想做出的政策选择，其目的就在于提高教育资源的利用效率，实现教育公平。当然严格来说，公平与效率并不是属于同一哲学范畴意义上的概念，因为与公平相对的是非公平，而与效率相对的是非效率。虽然公平与效率并不构成一对范畴，但是在经济学领域两者之间存在相互影响和相互制约的关系，有着较为密切的内在联系。一般认为，效率是指"资源的有效使用和有效配置"，"在经济领域内，任何资源总是有限的，不同的资源只是有限供给的程度不一而已。如何使用和配置各种有限的资源，使用得当、配置得当，有限的资源可以发挥更大的作用；反之，使用不得当，有限的资源只能发挥较小的作用，甚至可能产生副作用。这就是高效率与低效率的区别"。① 而公平

---

① 厉以宁：《经济学思维伦理问题》，上海三联书店 1995 年版，第 2 页。

"主要是指如何处理经济活动中的各种经济利益关系，其实质是合理的分配原则"。① 经济领域内公平与效率的矛盾主要表现在制定经济政策时把哪一方放在更优先的位置上，即公平优先还是效率优先。

在教育领域中所说的教育效率，亦称教育投资效率、教育资源利用效率、教育投资内部效益等，是从经济学中移植过来的将教育视为生产或经济活动而出现的范畴，是对教育资源消耗与教育直接产出成果的比较。简言之，就是教育投入与直接产出之比。从教育管理学的视角看，提高效率一直是教育管理追求的目标，如何提高效率一直是教育管理学研究的基本问题。② 农村学校布局调整政策所说的效率目标是指"资源配置的结果要使效率最大化，即教育资源配置要形成一定的优势结构"。③ 如果有限的教育资源配置得当、使用得当，就能发挥更大的作用，具体表现为：用有限的教育资源获得教育规模与教育质量的较大发展，如果有限的教育资源使用不得当、配置不合理，就可能无法发挥其本应发挥的作用，具体体现为投入一定的资源却不能使教育规模得到扩大和使教育质量得以提高。教育公平是指人们对教育价值和利益分配合理性的一种价值判断。作为一种价值判断，它既包括人的主观感受，也包括对客观教育资源分配结果或分配状态的描述。也就是说，教育公平不仅要回答不同人之间分配结果是否有差别或者是否有差距，而且要回答这种分配结果是"好"还是"坏"，对这种分配的结果进行合理与否的价值判断。胡森认为，教育公平主要是指教育机会均等，包括教育起点的平等、教育过程的平等和教育结果的平等。而要实现教育机会均等，教育资源在各参与分配者之间就应"以大体均等的占有量加以分配，即教育资源在各级各类教育之间、各学校之间、地区之间以及不同受教育者个人之间，按照与其规

---

① 余源培、荆忠：《寻找新的学苑——经济哲学成为新的学科生长点》，上海社会科学院出版社 2001 年版，第 151 页。

② 褚宏启：《教育公平与教育效率：教育改革与发展的双重目标》，《教育研究》2008 年第 6 期。

③ 王善迈：《教育经济学简明教程》，高等教育出版社 2002 年版，第 172 页。

模和需求相对应的数量加以分配"。① 罗尔斯在《正义论》中指出，公平包含三个原则，即平等原则、差异原则和补偿原则。事实上，教育公平的实现也是由教育资源配置的这三个原则构成的。"教育资源配置的平等原则包括受教育权平等和教育机会平等两个方面，该原则强调教育起点平等和教育过程平等。教育资源配置的差异原则，是指根据受教育者个人存在的禀赋、兴趣和能力差异，差异性地配置教育资源，以满足其个性充分发展的需要。教育资源配置的补偿原则关注受教育者的社会经济地位的差距，并对社会经济地位处境不利的受教育者在教育资源的配置上予以补偿。"②

农村学校布局调整政策，从效率角度来说就是要扩大农村学校规模、提高教育资源利用率，从而促进教育资源合理配置，提高教育的办学效益。这从效率角度来看，毫无疑问是正确的。因为农村学校布局调整就是要通过"高中向城市集中，初中向城镇集中，小学向乡镇集中，教学点向行政村集中（简称为四个集中）"的原则，将原先分散在各地的农村学校合并到中心乡镇和城区，这样一来就使得分散的教育资源得到集中和优化，提高了教育资源的利用效率，实现了规模效益。但是由于学校布局调整以后，学校基本集中到了中心乡镇和城区，这就必然造成边远地区和贫困山区学生上学路途遥远，经济负担加重，导致出现了新的上学难等问题。新的上学难问题，直接增加了边远地区和贫困山区学生失学和辍学的危险，同时在寄宿制小学低年级上学的孩子也失去了和父母亲人在一起的亲情融融的童年。从教育公平角度来说，在给予学生教育的起点公平的同时，却剥夺了本应该属于这些无忧无虑的农村学生的许多东西，这对边远贫困地区的孩子而言无疑是不公平的。的确在农村学校布局调整这一公共教育政策的实施过程中，效率和公平之间似乎存在着矛盾：从学生入学方便的角度来考虑，学校布点是越分散越好，把学校修到学生家门口；从提高教育投资效益来看，学校应具有一

---

① 王善迈：《教育经济学简明教程》，高等教育出版社 2002 年版，第 172 页。
② 褚宏启、杨海燕：《教育公平的原则及其政策含义》，《教育研究》2008 年第 1 期。

定的规模，过于分散的学校布点应该调整，过小的学校应该撤并，让学校形成规模效益。这事实上又回到了经典的公共政策目标的权衡，即对于在学校布局调整政策实施中公平与效率应该如何取舍这一问题上。从理论上讲，公共教育政策应该兼顾公平与效率，不能因为追求教育公平的政策目标，而回避、压制甚至放弃对教育效率的追求；同样也不能因为追求效率的目标，而弱化或忽略甚至放弃对教育公平的追求。教育公平与教育效率是两个相互联系、同等重要的教育政策目标。在农村学校布局调整政策的实践中，必须寻求公平与效率之间的平衡。从我们对西部几个省份进行的田野调查情况来看，学校布局调整过程中各级地方政府出于对效率的追求，导致教育公平的政策目标受到压制和弱化。当前学校布局调整政策出现过于追求效率的倾向，不但在实现教育公平的过程中滋生出了新的不公平，同时由于对"规模效益"的过度追求而引起了新的教育资源浪费、规模不经济等一系列问题，致使原本致力于提高教育资源利用效率，实现教育公平的公共教育政策更多地偏向了效率而产生了新的不公平问题。

因此，对于农村学校布局调整政策我们不应该质疑其正确性。在面对生源锐减、校点过于分散、学校办学效益不高等问题时，毫无疑问，农村学校布局调整必须进行。然而，在整个调整的过程中却应该把握好一个度的问题，让农村学校布局调整政策兼顾公平正义与规模效益之间的平衡，而不应将学校布局调整推向追求规模效益的极端。

二　本土性知识视角

在传统的乡村社会，私塾教育作为一种融生活教育与知识教育于一体的教育形式自然地把生活与知识融合在了一起。学生在学习文化知识的同时也习得了生活知识、乡村文化。民国时期，在国民政府的推动下，现代学校教育开始取代私塾教育，政府推动的"国民教育"使教育成为全民的事，它打破了民间自行管理的方式，导致社区以外

的文化知识开始取代社区传统。① 新中国成立以后，国家通过对土地
所有制等经济制度的改造和意识形态的动员，建立了以集体经济为基
础的"集权式乡村动员体制"，国家行政权力冲击甚至取代了传统的
社会控制手段，地方政府及乡村干部通过代理方式实现了对乡村社会
权力的垄断。② 与这种"土地所有制改造"相伴随的则是新生的人民
政权对原有的旧的乡村教育进行的接管和改造，使现代学校教育制度
逐渐确立了在整个教育系统中的核心地位。在教育为贫下中农服务方
针的指引下，开始在村村建立小学。1980 年以后，随着国家普及九
年制义务教育工作的推进，制度化的学校教育逐渐渗透到村落社区的
各个角落，现代学校教育在人们生活中的地位变得日益突出和重要。
在现代学校教育普及与发展的同时，城市知识、城市文化、外来性、
工业化也逐渐形成了对乡村社会和乡村文化的意义消解，逐步获得了
对其他民间知识的宰制。但在某种意义上，学校无法割断与村落社会
的千丝万缕的联系。以往的研究者往往强调在平面的空间上展开研
究，所见的是村落学校中充满城市化、外来性、工业导向的文化意
象。实际上，处于村落规范中的学校，既是一种外来的社会组织，又
受到村落规范、传统习俗的强烈辐射，特别是私塾的血脉在新式学堂
推行之初，已经融进了学堂的传统中，成为新式学堂的文化底色，学
校在村落社会里显示出了地方性、本土性的一面。在外来影响、本土
传统的张力以及这种文化的夹缝之中，学校在村落规范和外来影响之
间滑动，不过一直是呈现向正规化、城市化一极滑行的趋势。在这种
滑行之中，学校日渐脱离了明显的私塾色彩，但依然可以在村落学校
的日常生活中发现这一传统的底色。③

近年来，随着农村学校布局调整政策的实施，在各级地方政府的
大力推动之下出现了农村学校向城镇大规模集中的现象，村落社区的

---

① Gellner, E., *Nations and Nationalism*, Oxford：Blackwell, 1983, pp. 29-34.
② 于建嵘：《岳村政治——转型期中国乡村政治结构的变迁》，商务印书馆 2001 年版，第 218 页。
③ 司洪昌：《嵌入村庄的学校——仁村教育的历史人类学探究》，博士学位论文，华东师范大学，2006 年。

儿童离开了自己熟悉的生长环境，进入陌生的城镇寄宿制中心学校上学，从而造成乡村学生在"学校"而不在"乡村社会"的状况，农村学校的"进城"也在真正意义上实现了农村学校与当地乡村社会的剥离。毫无疑问，农村学校布局调整政策变成了一种加速村落社区儿童与农村社会分离的推动力量。农村学校向乡镇的集中，并以寄宿制为主导形式，使得农村的学龄期儿童不仅从时间上也从空间上脱离了具体的生活世界，直接进入抽象、系统的封闭式规训中来，这可能会导致他们在认知和人格发展上的先天不足，尤其是他们的社会性发展，将遇到可以预知的困难。这是因为他们从头开始就缺乏乡村经验和家庭天伦的滋润，而生活世界和初级群体对于人的认知和人格成长的重要性，乃是社会学的一般常识。[1] 寄宿制现代学校对儿童生活的影响，主要表现在时间和空间上占据了儿童生活的所有方面，将正规教育的力量对儿童生活的影响发挥到了极致。在寄宿制学校中，无论是形式还是内容，几乎所有的方面都属于城市主流文化的生活形式，所有的学习生活内容完全脱离了村落社区的影响。身处其中的儿童无论对寄宿制学校这种生活形式的体验如何，都获得了一种全新的生活经验，一种来自于城市文化的外部生活体验。无疑，这种城市中心主义取向的文化在年幼孩子的心理上产生了巨大的作用，使这些农村孩子产生了一种对城市生活方式的无限向往。"学校日渐成为村落社会的一块飞地，是外部社会在村落领地的拓殖，将外来的生活样式强行植入了村落民间规范调节的社会空间领域，使学校成为一块外部生活空间在村落社区中进行彩排的场所。"[2] 先前浸润在乡村文化环境和自然野趣之中的农村儿童逐渐被外来文化的意向给"殖民"了。现代教育体制下学校教育已成了儿童社会化的主要途径，孩子从小就开始接受以现代文化为主体的现代学校教育，慢慢地从内心接受了以现代性特征为主导的文化价值取向，对自己原先生活的村落社区文化渐

---

[1] 熊春文：《"文字上移"：20世纪90年代末以来中国乡村教育的新趋向》，《社会学研究》2009年第6期。

[2] 司洪昌：《嵌入村庄的学校——仁村教育的历史人类学探究》，博士学位论文，华东师范大学，2006年。

渐生疏，甚至自觉不自觉地对于传统的乡村文化产生了心理疏离。这一代儿童从小学开始就在远离村庄的寄宿制学校上学，其内心过早地扎下了城市生活之根，村落的生活已经远没有外部的世界让他们留恋，让他们充满向往了。他们已经对于原来熟识的乡村没有太深的感情了，对乡村文化和村落社区更是丧失了文化认同和社会认同。正如一些研究者所指出的那样，"中国社会正在由乡土中国走向离土中国"。①

教育是文化传承的一种生命机制，文化的传承与发展离不开教育的作用，而教育活动离不开教育者、学习者和教育内容。乡村文化的传承与发展主要通过非正规教育的形式存在于村落社区的生产与生活实践中，以一种口耳相传的形式进行着代际传承，乡村文化的传承活动既离不开熟知村落社区文化的"年长教育者"，也离不开生活其中、浸润其中的"年幼受教育者"。村落社区作为儿童文化启蒙的摇篮和本土性知识传承的社会空间，能够把在乡村社会中业已形成的文化、价值、规范、习俗等各种各样的乡村社会文化知识、经验传递给生活于其中的儿童。然而，在农村地区寄宿制学校迅速推广的过程中，学生都被集中到了寄宿制学校，这就造成了本土性知识、地方性知识传承主体的乡村儿童的缺席。这种传承主体的缺位，对于本土性知识、地方性知识的传递是一种巨大的冲击，同时对于儿童的成长也有一些影响。儿童对本土知识、地方知识的习得，让他们学会了一种生活和生产技能，从而为将来职业的选择提供了另一种可能。然而，寄宿制学校的建立使学生远离了自己熟悉的社区和文化，传统文化之根被强行切断了。由于现代学校教育在教授现代科学知识、普适知识的过程中，轻视并遗忘了本土知识，作为传统村落社区文化知识结晶与生存技能的本土性知识、地方性知识不能有效地传授，使得传统村落社区文化和本土性知识、地方性知识在学校向城镇迅速集中的过程中更加被边缘化。正如安东尼·吉登斯所言："现代学校在现代性的

---

① 熊春文：《"文字上移"：20世纪90年代末以来中国乡村教育的新趋向》，《社会学研究》2009年第6期。

建构中所起的作用，在于通过确立具有鲜明组织和训诫规则的空间，来促使社会化中的主体分离于传统社会的'地方性知识'体系之外，与现代社会的'抽象体系'实行整体结合，在主体的生命历程中造就学究型权威与个体安全感。"①

———————————

① Giddens, Anthony, *Modernity and Self-Identity*, Cambridge：Polity, 1990, pp. 137-138.

结语 关注农村学校布局调整政策实施中的几个问题

自 20 世纪 90 年代中后期以来，在农村学龄儿童逐年减少、进城务工人员子女在城镇就学以及城镇化建设的迅速推进等因素的共同作用之下，农村学校生源持续减少，学校日渐萎缩，昔日书声琅琅的校园也变得越来越冷清，出现了名副其实的"空壳学校"，农村学校布局调整已成为农村教育发展的大势。面对这一情况，从 2001 年开始在政府的主导下，各地通过农村学校布局调整工作的开展，试图解决农村教育中所存在的学校布点分散、质量低、效益差的问题。经过几年的布局调整工作，各地农村基础教育发生了不同程度的变化。总体情况是教育资源得到了优化整合，学校布局结构逐渐趋于合理，农村学校办学条件得到改善，办学效率得到提高。然而，随着农村学校布局调整工作的推进，一些极端化的做法也在很多地区出现，尤其是财政能力较弱的中西部省份提出了以撤点并校为基础，以创办寄宿制中心小学为突破，坚持"高中、初中阶段学校向县城集中，小学向中心乡镇集中，学前教育向中心村集中，新增教育资源向城镇集中"的规模办学思路。对"规模效益"的过度追求引起了规模不经济问题，它造成学校人力、物力、财力资源使用效率的降低，各项资源使用充分性和合理性下降，同时也滋生了新的不公平。

在整个农村学校布局调整工作的开展中，扩大学校规模，提高教育资源利用率是一个必然的过程。对于区域教育发展的决策者而言，关键问题不是讨论学校布局是否需要调整，学校规模是否需要扩大，而是要结合当地的实际情况制定科学的区域教育发展规划和学校布局调整规划，借鉴关于国内外关于学校布局调整和学校适度规模的一般性结论，慎重考虑学校布局应如何调整、学校应扩大到何等规模以及如何扩大的问题，而不能千校一面地走上城镇寄宿制学校盲目扩张建设的道路。同时要在农村学校布局调整这一公共教育政策的实施过程中，充分考虑教育公平与教育效率并重的原则，在规模效益与公平正义之间要有一个平衡，在理性与价值博弈的过程中能够趋利避害，解决好公平与效率之间的矛盾。

第一节　关注教育效率追求中的价值取向

在经济学理论中，效率包括了生产效率和配置效率，生产效率与配置效率不同。生产效率是广义的效率概念，它实际上指生产的有效率，即在给定投入和技术的条件下，产出与投入的比率，是一个可以用数量来衡量的概念。现代西方经济学中的效率指配置效率，它是一个静态概念，用来描绘资源最有效使用时的状态，这个状态是生产效率与个人效用的均衡。当人们说某种资源配置是有效率的时，这就表明它达到了最优配置状态。① 不论效率是指生产效率还是配置效率，从其本质意义上说都是指最有效地使用社会资源以满足人类的愿望和需要。也就是说，效率总是与可能获得的利益多少相关。人类社会资源的稀缺性和人类的自利本性，② 使得人类的一切活动无一例外地具有追求效率的特点。随着各个学科之间的相互渗透，"效率"这一原本属于经济学范畴的概念，被一些教育经济学研究者和教育管理学研究者从经济学中引入了教育研究领域，开始将教育视为一种生产或经济活动，从经济学投入与产出的视角来审视和看待教育活动，来研究教育投资效率和教育资源利用效率等。教育效率被简单地认为是教育资源消耗与教育直接产出成果的比较，也就是说被简化为教育投入与直接产出之比。同时教育经济学还开发出一系列可以量化的指标来测

---

① 周芬芬：《效率与公平：农村中小学布局调整的目标冲突与协调》，博士学位论文，华中师范大学，2008 年。

② 西方经济学最基本的两个理论假设就是资源的稀缺性和人类的自利本性。

量教育效率，如毕业率、升学率、巩固率、辍学率、生师比、教室利用率、图书利用率、生均教育费用支出等。可见，教育经济学对教育效率的衡量偏重于"可以测量的直接产出"。① 从教育管理学的视角看，提高效率一直是教育管理追求的目标，如何提高效率一直是教育管理研究的基本问题。在教育研究领域，从教育经济学和教育管理学角度出发进行的教育效率研究带有明显的经济学和管理学倾向，没有从教育学角度出发考虑这一问题，具有很大的局限性。

长期以来，关于教育效率的研究（包括学校效能研究）都是基于投入与产出的分析模式，且取得了丰硕成果，对许多国家公共教育政策的制定产生了重要影响。但存在的一个突出问题是以"可测量的指标"（不论是直接产出还是最后产出），如升学率、巩固率、学业成绩等作为衡量效率的标准，不能反映学生发展的全貌，更不能反映教育效率的全部。"良好管理的一个基本目标，就是利用已有的资源投入获得最佳的效果，这一点是显而易见的，但它必须由这样一个事实予以规定，即教育活动不能完全用成本效益的公式来评判，还必须考虑到教育中无形的和不可测的方面。……单一的经济学思维模式，不仅使人们对教育效率的理解片面化而且也掩盖或是抹杀了教育活动的特殊性。"② 不论是教育经济学还是教育管理学关于教育效率的研究都有其很大的局限性，尤其是教育经济学将教育效率研究简单地放置在投入与产出的工厂模式分析框架之下，完全无视教育之于个体发展的重大作用，完全无视教育活动的价值诉求，将学校简单地物化为一个学校工厂。

研究者普遍认为，农村中小学布局调整取得了明显的效果，促进了教育资源的合理配置，提高了教育资源的利用效率。对农村中小学进行布局调整，一些规模小的学校和教学点被撤并，各地将有限的教育资源集中使用，从而优化了教育资源配置，避免了分散办学时普遍存在的教育资源利用效率低下问题。各地农村中小学的规模明显扩

---

① 褚宏启：《教育公平与教育效率：教育改革与发展的双重目标》，《教育研究》2008年第6期。
② 同上。

大，每所学校可支配的教育资源大大增加，形成了规模效益。这些研究都是从经济学视角出发的，关注的主要是效率、经济等问题，没有从真正意义上理解教育效率究竟是什么这一问题。教育作为培养人的一种活动，学校组织也有别于其他生产组织，所以理解教育效率就不能仅仅从经济角度出发，对于其他组织活动而言是以最小化的成本追求最大的利益，而学校作为培养人的机构，最小化其成本以追求利益最大化不是最终目的。我们反省一下义务教育的基本理念，即义务教育的目的和价值，义务教育的目的和价值既在于促进国家和社会的发展，又在于促进个体的生存和发展。因此，脱离了教育的价值诉求去思考教育效率是没有任何意义的。一味地追求数量与效率就会丧失对于教育本体功能的关注，也就谈不上育人和促进社会发展，而是走上了"学校工厂"的歧路。

2001 年，我国农村义务教育开始实行"在国务院的领导下，由地方政府负责，分级管理，以县为主"的管理体制，实现了农村义务教育投入的"以乡为主"到"以县为主"的重要转变。这一制度调整的积极意义非常突出，与乡、村相比，县级政府一般具有更强的财政能力，可以使农村义务教育发展具有比较坚实的经济基础，在一定程度上能满足义务教育的发展需要。但这一体制的确立给县级政府和教育部门带来了相当大的压力，相当一部分县，特别是中西部地区以农业为主的县长期存在财政能力薄弱的问题。① 地方政府希望通过农村学校布局调整，集中办学，提高资源利用效率，以减轻财政压力。教育作为一项公共事业，本身不应该以突出经济效益为目的，当前我国中西部地区所进行的大规模学校布局调整，就是在实行"以县为主"的财政和管理体制之后地方政府为减轻财政压力所采取的无奈之举，将经济效益作为其主要目的也就不言而喻了。

中西部地区学校布局调整确确实实提高了教育资源的利用效率，农村中小学的规模明显扩大，每所学校可支配的教育资源大大增加，

---

① 郭清扬：《农村学校布局调整与教育资源合理配置》，《教育发展研究》2008 年第 7 期。

形成了规模效益。但是"撤点并校"所产生的学校、班级规模的急剧扩大，是否在真正意义上带来了教育效率的提高。提高教育效率不仅是降低生均成本和各项资源使用效率的增加，致力于学生的全面发展，致力于优质的教育服务也是全面提高办学效益的体现。应该正确认识、科学理解中央关于农村中小学布局调整政策。农村中小学布局调整决不等同于"撤并"或"收缩"，而是应该以促进当地农村义务教育的健康发展，保障农民子女尽可能接受高质量的基础教育为根本出发点，科学合理地"撤""并"或"调""增"农村中小学。各地方政府必须科学、全面地理解调整政策，深刻领会其政策背后深层次所代表的广大农民群众及其子女的根本利益，并真正认识到衡量布局调整成功与否的关键，是各项调整工作与措施的结果都必须围绕着有利于在确保农村义务教育普及的基础上，最大限度地优化和整合农村教育资源，以保障更多的农村学生能够接受优质的学校教育，[①] 在追求教育效益最大化的同时能够关注公共教育政策实施中的价值取向。

第二节　关注教育公平目标的实现所引起的新的不公平现象

撤点并校、学校向城区集中，带来的直接后果是在城区出现了很多巨型学校和巨型班级，尤其是县城的高中，学生人数达五六千人、近万人的中学已不在少数。如此巨大规模的学校，给管理、学校文化营造和校风建设以及教育资源的再分配等都带来了新的问题。学校过于集中也为居住分散的农村学生带来了不便，不仅上学路途遥远，也存在着安全隐患，加重了家长和学生的负担。学生寄宿、一餐走读或租车接送，家长付出的成本远远超过了义务教育免学费、书本费所带来的实惠。经济负担的加重又成为学生失学和辍学的原因之一。

为了适应集中办学，解决上学路途遥远的问题，发展寄宿制学校

---

① 庞丽娟、韩小雨：《农村中小学布局调整的思考》，《教育学报》2005 年第 4 期。

成为西部农村地区学校布局调整所采用的普遍做法。寄宿制学校又带来了新的问题，因为大部分学校离寄宿制的标准化、规范化水平还有很大的距离，不能满足学生寄宿的基本要求，如宿舍、就餐、饮水、洗漱、卫生等。十几个孩子甚至几十个孩子挤在大通铺上，条件非常简陋，后勤配套设施无法到位。即使这种住宿条件也不能使所有学生都可以寄宿，因而城镇里出现了大量的陪读者。陪读者大都是学生的爷爷或奶奶，他们在学校附近租房做饭，陪孙子上学。农村的现实是孩子父母外出打工，爷爷奶奶在城镇学校陪孙子读书。撤点并校、集中办学迫使农村留守的老人和小孩也进入城镇，农村则是房屋上锁、田地撂荒，一片凋敝景象。

高中生寄宿不足为奇，初中生寄宿在管理上的难度就很大了，现在很多地方已经开始推行小学生寄宿，六七岁的孩子就要远离父母，在学校独立生活。即使学校的物质条件、管理水平很好，也不能替代孩子和父母的亲子关系。孩子从小学到高中度过 12 年的寄宿生活，这对于他们的心理发展会产生什么样的影响呢？对这个问题似乎教育行政部门和学校并没有做出长远的考虑。有专家建议，应该给集中办学后的学校配备校车，接送孩子上学。确有部分学校这样做了，可是，车辆运营的成本太高，租用社会车辆接送孩子，车辆的安全性、司机资质又没有保障，营运者为了降低成本常常严重超载。也有家长合租农用车接送孩子，挤满了孩子的敞篷农用车，颠簸在崎岖的山路上，谁又为他们的安全负责呢？在发达国家，我们常能在公路上看到黄色的校车，车里座位的高低、安全性都是专为孩子设计的，对驾驶校车的司机有更为严格的资质要求。同时对于寄宿学生来说，他们也失去了和父母兄弟姐妹一起享受融融亲情的权利，尤其是低年级小学生由于缺乏和父母的交流与沟通，长年累月见不到父母，甚至连爷爷、奶奶的隔代教育也没有了，平时面对的只有老师和同学，造成了农村寄宿制学校学生亲子关系的断裂。对于正处在人格形成关键期的儿童来说，任何其他关系都没有办法替代父母与他们的亲子关系，这种与父母亲子关系的断裂对于他们来说又意味着什么呢？在农村学校布局调整过程中，撤点并校最充分的理由就是提高办学效益，最动人的表述是让农村学生和城市学生一样享受到优质的教育资源，从而促进教育的均衡发展。为什么优质的教育资源不能到农村去？吃亏的为什么总是农村孩子？以公平正义为诉求的公共政策是否会引起新的不公平？本来农村学校布局调整是决策部门面对公平正义理想和资源有限的两难而做出的选择，其目的就是要在公平与效率之间寻找到一个平衡点，既能够提高资源的利用效率以实现规模效益，又能够实现教育公平。然而，对于规模效益的过度追求，导致规模效益与公平正义的天平更多地偏向了规模效益。

目前，很多地区都把学校布局调整中农村学校数量减少和合并后学校规模的扩大作为一项教育政绩在推广，认为农村孩子去城区学校读书，他们就和城市的孩子一样享受到了优质的教育资源，但是这种想法过于简单，实践中也缺乏可操作性，应该在不同的地方视本地实际情况来考虑学校布局的调整问题，考虑采用一种什么样的教育公平的实现策略。追求教育资源配置方面和教学过程中的平等，主张基础教育阶段平等地让每一个儿童都进入学校，同时缩小学校的质量差别。这种要求平等地对待每一个儿童，让他们接受同样教育的主张，其实是一种"形式平等论"，力图消除差异，实现整齐划一，并不是教育公平的内在要求。机械化划一的、崇尚单一性、统一性和标准化的同质性教育是不能适应个人发展的独特性和综合性需要的，教育公平的目的依然是实现人的全面发展，因此必须站在人的发展和国家发展的高度审视教育公平政策。

"教育公平包含教育资源配置的三种合理原则，即平等原则、差异原则和补偿原则。"[①] 消除差异，实现整齐划一仅仅实现了教育公平中的平等原则，只有实行不同情况不同对待，才是更有意义的教育公平。要实现有差异的公平就必须视不同地区的具体情况而定，实行多样化的办学形式，而不是简单地将农村教育全部积聚到城区，采取集中办学的方式，用城市教育代替农村教育。就教育公平而言，不仅要使学生受教育的机会均等，还要追求学生受教育的过程、受教育的

---

① 褚宏启、杨海燕：《教育公平的原则及其政策含义》，《教育研究》2008 年第 1 期。

结果的均等。就教育目标而言，不仅要让学生学会知识、技能，而且要让学生学会生活、学会关心、学会发展、学会创造，促进学生知情意行整体的和谐发展。此外，政府把大部分经费投入交通便利、办学条件较好的学校，肯定对边远贫困地区农村教育的发展不利，这对于边远贫困地区的农村居民来说也是不公平的，由这种不公平所带来的负面影响将是巨大的、潜在的。如加大了边远贫困地区农村中小学与城镇中小学办学条件的差距，使这些边远地区的孩子不但享受不到布局调整后的成果，相反会因为办学条件而使差距进一步拉大，甚至进一步恶化。因而在未来接受教育的过程中，撇开他们是否能上高中、大学不说，仅这一点就无法让他们与城镇的孩子处于同等的地位，进行平等的竞争。在经济与教育的互动关系越来越密切，人力资本在一定程度上决定人们收入水平的今天，这对边远贫困地区的孩子无疑是不公平的。①

　　首先，中小学布局调整要保证方便学生就学。无论是扩大学校规模，还是优化教育资源配置，其基本前提是学生就学方便；以牺牲学生就学、降低普及程度为代价地调整中小学布局，提高办学规模和效益的做法，不符合教育事业发展的本质要求，也损害了人民群众的根本利益。其次，中小学布局调整要因地制宜，实事求是。无论是制定调整规划和方案，还是在具体实施工作中，都必须从当地经济和社会发展的实际情况出发，综合考虑人口密度、地理环境、交通状况、生活习惯等因素，认真调研，科学论证，切忌一哄而起，搞"一刀切"。《国务院关于基础教育改革与发展的决定》指出："因地制宜调整农村义务教育学校布局，按照小学就近入学，初中相对集中，优化教育资源配置的原则，合理规划和调整学校布局。农村小学和教学点要在方便学生就近入学的前提下适当合并，在交通不便的地区仍需保留必要的教学点，防止因布局调整造成学生辍学。"无论是扩大学校规模，还是优化教育资源配置，其基本前提是学生就学方便。所以各

---

　　① 范先佐、曾新：《农村中小学布局调整必须慎重对待处理的若干问题》，《河北师范大学学报》（教育科学版）2006 年第 1 期。

地区学校布局调整应当根据自己的实际情况，在保证学生方便就学的前提下将教育资源配置到最能发挥其效益的程度，使教育资源得到最充分的利用。

第三节 科学制定区域教育发展规划和 学校建设国家标准

将某一地区的农村学校全部撤并集中到城镇，建成寄宿制中心学校的做法，事实上是将"农村教育全部积聚到城区集中办学"策略的反映，是一种以城市教育替代农村教育的思想。这种做法会造成国家多年来对农村基础教育建设的投资付之东流，出现了城区教育资源紧张与农村教育资源闲置并存的结构性浪费。笔者在中西部很多地区进行调研的过程中发现，农村学校在向城区迅速集中的过程中，一方面是国家大规模地投资兴建城镇寄宿制中心学校，另一方面是撤并农村学校后大量闲置或废弃的中小学校舍，这种浪费现象的出现就是因为长期以来政府对区域教育的发展缺乏详细的考察和分析，未能进行科学合理的规划所造成的。农村中小学布局调整规划是国家、地区为农村中小学合理布局而做出的具有全局性、长远性和根本性的谋划与决策。因此，规划的制定与执行必须严肃、准确和科学。[①]

学校布局调整是区域教育发展中经常性的工作。但是，近几年来我国农村地区广泛进行的以"撤点并校"为导向的学校布局调整力度之大、范围之广，是新中国成立以来所罕见的。所造成的大量校产闲置，引发了诸多新的社会问题，引起公众的广泛关注也是可以理解的。教育行政部门主要以连续扩大的学校规模来降低学校管理运行成本，提高办学效益的办法，似乎并不能完全被公众所接受。"普九"的过程中"一村一校"是教育行政部门的政绩，随着新一轮农村学校布局调整的展开，撤点并校、巨型学校建设将成为新的教育政绩，

[①] 范先佐、郭清扬：《我国农村中小学布局调整的成效、问题及对策》，《教育研究》2009 年第 1 期。

这期间只有短短的 10 年时间，由于当初对于校点规划布局的不科学，从而造成了现在农村学校大量被撤并的现实。长期以来，我国区域教育发展尤其是县域教育的发展是缺乏科学规划的，当初运动式的"普九浪潮"和现今大规模的撤点并校、寄宿制中心学校建设这一关乎国家巨额财产和农民切身利益的公共政策制定，怎么能使公众相信是经过充分论证、具有前瞻性的决策呢？公众有这样的疑虑是很自然的，从新一轮农村学校布局调整过程中出现的城区教育资源紧张与农村教育资源闲置并存的结构性浪费问题中可以看出，教育行政部门以前在没有教育规划的情况下对学校分散的盲目的布点建设，造成了今天许多可见的教育资源的巨额浪费现象（一方面是国家大规模地投资兴建能够产生规模效益的城区学校，另一方面是撤并农村学校后大量闲置或废弃的中小学校舍）。我们不禁要问：经过学校布局调整出现在县城和中心乡镇的寄宿制中心学校，不是一种科学和长远的教育发展规划，还是这种学校布局调整规划本身又是不靠谱、不符合各地实际情况的，只是在执行上级主管部门的意图呢？

因此在新一轮农村学校布局调整的过程中，地方教育行政部门一定要科学地进行区域教育发展规划。改变传统的自上而下的规划方式，当规划的草案完成之后，为了使规划能够真正达成预期的教育政策目标，能够解决教育一线工作人员所面临的实际困难和问题，应该考虑在自上而下规划草案的基础上，听取基层各方人员的意见，进行自下而上的微观规划，从具体现实出发使教育政策目标能够在现实中得到贯彻，使理想与实际能够结合起来。这样，在对教育政策实施过程中采取自上而下和自下而上相结合的规划方式所制定的规划草案就可以在无形中纳入多方面的意见和看法，最后由规划小组成员进行整合，从而形成完整的书面规划草案。这种将自上而下和自下而上结合起来的规划方式，使得教育规划一方面处在教育政策的框架之中，另一方面又能够与某一地区的实际情况相结合，从而使得制定的教育规划在实现政策目标的同时更具有针对性。

在制定区域教育发展规划时，应改变以往教育发展规划自上而下的目标化规划模式，一定要做到将自上而下和自下而上两种规划方式结合起来。对于县级教育行政部门而言，甚至应该更多地采用自下而上的草根规划方式，根据县域的实际情况制定出更加符合本地实际的县域教育规划。这种自下而上的草根形态教育规划方法将以一种不同于以往的规划方法进行，在这种规划方法中，国家和地区教育政策将形成一个各县须达到的总体目标环境，但是也会根据当地情况进行具体分析，从而创建出适应于各个县域实际情况的具体工作目标和任务。这种分析（至少对基础教育领域）将在很大程度上基于每个县基础教育发展的信息、目标及任务。应充分强调规划服务对象和规划应用方面的衔接，分析这些规划并认识到如何根据不同的服务对象和用途来制定基础教育发展规划。在新一轮农村学校布局调整过程中，同样也应该强调自上而下和自下而上两种规划方式的结合，不能简单地根据国家关于学校布局调整政策所制定的自上而下的教育规划，对其加以生吞、照搬，将目标规划简化为学校数量减少的极端化做法。

因此在新一轮农村学校布局调整过程中，县级教育行政部门应该在这一政策框架下，根据本地区实际情况，充分利用地域特点与国家政策的差异空间，让县域教育发展规划能够真正符合本地实际，同时充分发挥自主创新的特点。所以，在进行学校布局调整工作中，科学地制定区域教育发展规划成了保障该项政策成功落实的关键。在制定县域农村学校布局调整规划时，要充分了解当地的人口与学龄儿童增减情况、地理状况、人口密度、交通条件、经济状况、生活习惯、可负担的办学成本及办学效益等因素，在均衡和优质的基础上，充分考虑学校与社会多种需求之间的关系来进行科学的学校布局规划。同时，应根据学校层次、学校类型、学校办学质量的差异对不同层次的学校进行合理配置，如小学、初中、高中的配置比例；要统筹安排不同类型的学校，比如普通学校与职业学校、公办校与民办校的整体布局等；要均衡优质校与普通校的布局；要适当考虑社区布局因素的影响，如校区与住宅区、商业区的布局等。通过开展农村地区布局结构的调整，改善农村的办学条件，将教育资源的增量部分用于相对集中的学校，从中长期看，必然会使教育资源发挥较为长远的效益，从而为教育质量的提高奠定良好的物质基础。

　　在农村学校布局调整的时候，既要考虑人民群众接受优质教育的要求，又要方便学生入学，根据社区适龄学生人口、教育需求、合理布点，不给家长和学生带来过多过大的困难。更多地从教育的角度即如何提高办学质量和保护农村学生的学习权利出发考虑学校的合并，而不是单一地考虑财政困难，更不能只为了完成所谓的指标。如果没有妥善的解决办法，不应该因为某些政绩上的理由而人为地加快学校合并的进程或者盲目裁撤学校。对学校的合并也不应该不经科学论证而仅凭主观臆测就规定合并的数量和合并后学校的规模。国内对学校适度规模的研究相对缺乏，而国外对学校适度规模的研究则相当全面、系统和深入。教育理论界应积极借鉴国外的研究方法和经验，加强这方面的研究，为科学地制定学校布局、学校规模、班级规模、寄宿制学校等国家标准提供依据，使学校布局调整过程中学校的建设规模有理论和政策依据。

后续研究　农村寄宿制学校质量指标体系与监测系统研究

第一节　寄宿制学校研究文献回顾

改革开放以来，特别是近年来，随着我国九年义务制教育的基本普及和青壮年文盲扫除任务的基本完成，国家和各级政府为了解决剩余的少数地区仍没有实现的"两基"任务这一难题，为了推进西部教育，解决这些地区的教育问题，国家实施了"两基"攻坚计划，重点发展农村寄宿制学校建设工程。但是，农村寄宿制建设工程在实施过程中所带来的问题也日益突出，受到越来越多人的高度关注。在这一背景下，我国学者对农村寄宿制学校进行了广泛的研究，其研究无论是在理论层面还是在实践层面都有了一定的突破，并取得了阶段性的研究成果。

一　我国"农村寄宿制学校"研究历程

第一阶段（2000 年以前）是农村寄宿制学校研究的萌芽探索阶段。20 世纪五六十年代，为了解决少数民族地区群众子女入学难的问题，人民政府在牧区、少数民族聚居地区和边远贫困山区开设了寄宿制学校。20 世纪 80 年代中后期到 90 年代末，为了整合当时的农村教育资源，改变由于历史原因所造成的学校布局不合理的现实，解决农村义务教育问题，我国进行了一次规模较大的农村中小学布局调整。在布局调整后，学校数目减少，很多村小和教学点被撤并，学校分布十分分散，学校辐射半径变大，学生上学距离变远，造成了对寄宿制学校的需求，农村寄宿制学校作为一种重要的办学形式被逐渐推广开来。

这一阶段我国农村寄宿制学校数量较少，有关农村寄宿制学校的研究并不多见，国家出台的有关农村寄宿制学校的政策也相对较少，有部分学者从不同的角度对农村寄宿制学校的成因、影响因素、具体方式、创办中存在的问题及对策等方面进行了探索性的研究，为我国农村寄宿制学校的创办提供了一定的理论基础和指导。但从整体上看，研究对象主要是以少数民族地区为主，研究停留在宏观理论层面，针对农村寄宿制学校的实证性研究还相对较少，研究并没有产生多大的影响，农村寄宿制的办学模式也没有得到大力提倡或推广。

第二阶段（2000年至今）是农村寄宿制学校研究的深化发展阶段。随着我国农村剩余劳动力的大量转移、城镇化进程的加快以及农村学龄人口的不断减少，20世纪90年代末期，我国农村地区不少学校出现生源明显不足所导致的撤点并校等一系列状况。在这一背景下，为了适应农村的现实需要，2001年《国务院关于基础教育改革与发展的决定》指出，在需求和条件达到双重满足的地方，可以逐步地推进农村寄宿制学校的建设，同时，将调整农村义务教育学校布局列为一项重要工作。2003年，《国务院关于进一步加强农村教育工作的决定》提出，要切实做好"两基"巩固提高的规划和部署，继续推进中小学校布局结构调整，进一步加大工作力度，加强农村寄宿制学校建设，巩固提高普及教育的成果和质量。2004年，为解决西部"两基"问题，国务院出台《国家西部地区"两基"攻坚计划》，提出了加快推进"两基"攻坚，巩固教育成果，由中央和省级人民政府共同实施"农村寄宿制学校建设工程"，在以上政策的合力推动下，寄宿制学校在我国农村地区进入建设的高潮阶段并得以深化发展。

这一阶段的研究成果十分丰富，所发表的文章数量急剧增加，研究从思辨型转向实证型，开始逐步多元化，研究内容更为深入，学者们从多方面进行综合考虑，开展各式各样的实证性研究，为我国农村寄宿制学校的后续发展打下了坚实的基础。但是，我们也应当看到，随着农村寄宿制学校建设工作的进一步展开，在已取得成绩的基础上，已有的研究成果和现实的新要求之间还存在一定的距离。

二　我国关于农村寄宿制学校的相关研究

通过对文献的调查研究，我国对农村寄宿制学校的研究可大致分为有关建设农村寄宿制学校合理性的研究、农村寄宿制学校存在问题的研究、办好农村寄宿制学校建议的研究三个方面。

（一）有关农村建设寄宿制学校合理性的研究

关于农村寄宿制学校的建设是否合理，它的存在又有什么样的意义，已有研究者不论从宏观层面还是微观层面都论述了建设农村寄宿制学校的积极影响，认为农村寄宿制学校在农村社会发展中具有重要地位和作用。

有研究者认为，农村寄宿制学校促进了教育公平，促进了义务教育均衡发展，优化了农村中小学教育资源的配置，提高了农村中小学校的规模效益，有利于调配家长的时间，让家长在生产劳动中投入更多的精力。部分研究者认为，西部农村地区在学校布局调整后，集中办学和寄宿制学校的建设不仅有利于资源的优化整合，提高办学效益，还有利于提高教学质量，促进学生的全面发展。

有学者从学生维度探析了农村寄宿制学校建设的合理性，认为寄宿制办学模式可以大大推进农村学校的素质教育，有利于对学生的思想素质教育，有利于对学生的科学文化素质教育，有利于培养学生的生活、劳动技能，有利于提高学生身体、心理素质。杨毅认为，寄宿制学校的产生，是社会发展的必然结果。从辩证的角度来看，寄宿制对学生的发展有利的方面表现在：能培养学生的自立精神，增强与同伴交往的能力，发展学生的自控能力，获得安定的学习环境。严鸿和、朱霞桃通过调查农村寄宿制学校"留守儿童"和"非留守儿童"的学习成绩、思想状况和性格特征，发现寄宿制学校和学校的良好管理制度对"留守儿童"的健康成长有促进作用，认为家长的外出对"留守儿童"所产生的不利影响通过寄宿制学校可以得到有效的遏制。

（二）有关农村寄宿制学校存在问题的研究

通过对文献的分析和整理，我国农村寄宿制学校普遍存在的问题主要可以分为以下六大类：一是农村寄宿制学校硬件条件问题；二是农村寄宿制学校制度管理问题；三是农村寄宿制学校财政困难问题；四是学生心理健康及课余生活问题；五是有关学生上下学难、对家庭负担方面的影响问题；六是农村寄宿制学校对村落社区文化的影响问题。

1. 有关农村寄宿制学校硬件条件问题的研究

李醒东、赵燕萍认为，农村寄宿制学校的硬件条件问题主要表现在教学、生活和自然环境三个方面，而且问题比较突出。在教学设施方面，一是当前的农村寄宿制学校缺乏与各科教学相配套的实验室、图书馆和学生机；二是学校缺少相应的多媒体教学设备和计算机；三是学校没有丰富的资料藏书室；四是学生的娱乐设施、活动场所设施配套不完善。在生活设施方面，由于资金的缺乏，大部分农村寄宿制学校学生的食宿条件相当差，宿舍用房非常紧张，食堂不合格。在自然环境方面，大部分农村寄宿制学校缺乏浓郁的校园文化氛围，虽然地方比较大，但却显得很空旷，自然环境比较恶劣，榜样模范宣传栏也没有得到维护和管理，只有一副空架子，没有文化长廊、励志碑林，只有新旧不一的各种建筑用房，很多学校的操场都没有硬化。

有学者指出，由于农村寄宿制学校规模的扩大，许多学校校舍十分紧缺，这就出现了学生人数增多，校舍却没有增加的现象，大多数学校的寄宿生都是住在 20 世纪七八十年代建造的教室里，学校宿舍配备严重不足，住房紧张，无法满足寄宿生的需求。同时学校的实验仪器等教学设备配备严重不足，需要采购，学生用床架组合件和教室课桌课椅等急需维修，这导致学校各项建设举步维艰。有研究者通过对农村寄宿制学校食堂主管领导的访谈以及现场观察和卫生学测评得出结论，农村寄宿制学校的食堂条件简陋并且严重不足，食堂布局不合理，硬件设施不足，生产经营过程不符合卫生标准，餐具洗消设施简陋，消毒池未专用，从业人员缺乏卫生意识，食堂卫生总体状况难以达到国家的相关规定。

2. 有关农村寄宿制学校制度管理问题研究

在制度管理方面，有研究者认为，问题主要表现在编制、办学标准、教育管理三个方面，食堂和学生宿舍的工作人员需进行编制管理；调查发现，西部偏远地区的学校校舍非常紧张，宿舍床板破旧，住宿条件和环境十分恶劣，部分学校的宿舍仅有十几平方米，却住着20多个学生；同时，安全、卫生、管理等方面的问题在农村寄宿制学校中普遍存在，这不利于学生的身心健康，也伤害了这些农民群众的利益与感情，对社会产生了不良的影响。王叶婷认为，农村寄宿制学校的制度本身存在着结构不完整、分布不均衡、形式不规范、内容不合时等明显的不足，学校传统管理制度模式存在着重"管"轻"理"，反映出"堵"的意图，缺乏"引导"措施。张眉、翟晋玉指出，在推行农村寄宿制学校的过程中所产生的各种问题，与制度设计不合理、相关配套措施不完善等因素有关。认为农村寄宿制学校制度方面存在着三个问题：第一，制度设计与利益相关方的实际评价存在差距；第二，配套制度建设不配套，缺乏管理人员编制，配套经费不足；第三，政策出台和实施中利益相关方的声音没有得到充分反映。

3. 有关农村寄宿制学校财政困难问题研究

肖长谦、张斌通过对永顺县的专题调研，认为实施集中办学，对于国家扶贫工作重点县来说并非一件容易的事情，国家财政虽然为农村寄宿制学校的建设安排了专项资金，但在实际操作过程中仍存在着资金严重不足的问题，维持学校运转的资金无来源，而且由于寄宿生大多家庭经济困难，家长对其子女的生活费也难以保障，国家政府虽然实行了"两免一补"政策，但是寄宿生生活费的补助由当地财政承担，这无疑又使国家级贫困县寄宿制学校的建设雪上加霜。雷万鹏、汪曦通过调研认为，农村寄宿制学校的经费缺口较大，在当前拨款机制下，对寄宿制学校公用经费需求的低估程度十分严重；认为人员经费缺口属于一种"软缺口"，但寄宿制学校教师编制缺口很大，教师压力更大；认为均一化的拨款体制没有考虑到学校功能改变所带来的成本构成变化，农村寄宿制学校存在着严重的收支不平衡现象，现有财政拨款体制呈现出"重基建轻运营，重学生轻教师"的现象。

4. 学生心理健康及课余生活问题研究

有学者认为，农村寄宿学生正处在身心迅速发展趋于成熟但又尚未成熟的阶段，作为这一特殊阶段的反映，他们的心理活动表现得既丰富又矛盾，主要存在着以下几点不健康心理状态：（1）依赖心理；（2）偏执心理；（3）孤僻心理。这导致农村寄宿学生较难适应新的环境，很难搞好人际关系，学生往往离群独处，内心既空虚又痛苦。有学者指出，农村寄宿学生的整体心理状况不容乐观，并且存在着年纪和性别上的差异，认为造成寄宿制学校的学生普遍存在心理困惑的原因主要有亲子沟通缺乏，导致情感缺失；对孩子期望值过高，导致压力过大；特殊结构家庭较多，导致心灵受创这三个方面。

王景、张学强认为，由于农村教师编制十分紧张，难以设立专门的生活管理教师，农村寄宿生的生活补贴费用又十分低，公用经费少且不足，学校对寄宿制学校学生的课余生活管理不能做出专门安排，这就导致了农村学校寄宿生缺乏课余生活的环境和条件，农村寄宿制学校学生的课余活动十分贫乏，影响学生身心的健康发展。中央教育科学研究所课题组对农村寄宿制学校的调研结果显示，学生课余活动基本上没有有组织、有计划、丰富多彩的课余活动，学生课余活动以自发式为主，寄宿生课余生活十分单调，寄宿学生心理慰藉凸显真空，学生认为学校开展的课余活动都不是学生期望的，同时由于教师工作量大，待遇低，他们对寄宿学生课余活动的开展并没有很高的积极性。

5. 学生上下学难、对家庭负担方面的影响问题研究

有研究者认为，集中办学后，农村寄宿制学校学生的教育支出大幅度增加。学生要走很远的路，这就需要一笔交通费；路途中还会面临安全问题，又要承担更多的个人生活费，在减少办学经费的同时又提高了家庭的教育支出。与此同时，路途遥远以及上学的艰辛在一定程度上也增加了辍学率。当前，一系列的现实问题阻碍着农村寄宿制学校的发展，学生上学路途遥远是制约农村寄宿制学校办学的最大困难。农村交通本来就十分不便，学生要么走路，要么就只能乘坐有限的几辆公交车到学校。走路上学既路途遥远，又不安全，坐公交车则

需要交通费用，这对于农村寄宿制学校的发展都是严峻的挑战。

还有研究者认为，由于山区的自然地理环境十分恶劣，寄宿制学校安全性问题比较突出。在集中资源办学后，大量村小学撤并，有些学校辐射半径远远大于国家规定的标准，学生要到离家很远的乡镇中心小学上学，且道路坎坷，部分山区时有泥石流、山洪暴发，学生的安全问题根本得不到保证。由于学生年龄较小，尚无自理能力，虽有家长接送，但还是存在着严重的安全隐患，这直接催生了家长的"陪读"心理，加重了家庭的经济负担。

从学生的角度来看，由于村小和教学点的撤并，家庭住址较远的学生为了上师资更好的学校不得不走更多的路，很多学生回家时都是先坐汽车或摩托车，然后走很长一段路，时间都花在路途上了，这严重影响了学生的学习效率。由此可见，集中资源办学的寄宿制学校仍然不能解决学生推迟上学年龄、学生学习质量低下、回家途中安全隐患多和回家时间过长等一系列问题。

6. 农村寄宿制学校对村落社区文化的影响问题研究

有研究者认为，寄宿制学校在建设过程中，很多学校和教学点都被撤销了，西部农村寄宿制学校的学生因为乡村学校拆迁而不得不转校住读，导致村屯社区文化失去了载体，导致村寨社区普法教育、民主活动和农业科学技术推广等基本处于瘫痪状态，给农民家长留下了更多的文化空白。同时，由于文化水平落后，农民乡土观念又极为浓厚，农民家长及其子女的认识水平、价值观念、心理结构及行为模式受到严重影响，导致农民家长形成和强化了负面影响，制约了农村寄宿制学校的教育改革和发展。

有的学者认为，随着农村寄宿制学校的迅速发展，由于学生除了周末回家，大多数时间都在学校，这导致社区和家庭对儿童的影响弱化。同时，随着学校布局的调整，村小和教学点的取消，村屯社区文化失去了载体，降低了村子的文化气氛，影响了先进文化和科学技术的传播，不利于社会主义新农村建设。同时，村落社区传统文化传承主体是儿童，但随着农村地区寄宿制学校的建立，学生被集中在了寄宿制学校，这在一定程度上造成了乡村文化传承主体的缺位。

（三）农村寄宿制学校发展的对策建议

已有研究通过一系列的理论和实证分析，根据不同地区的不同情况，在宏观和微观层面上都提出了较为科学可行的针对性教育措施和较强的教育对策，这些对策和建议对提升我国农村寄宿制学校的建设做出了贡献，在一定程度上解决了农村寄宿制学校建设的相关问题。

有学者提出国家及省级财政部门根据教育发展需要，根据寄宿制学校发展的实际情况应适度加大财政投入力度，设立一定数额的专项资金，在农村寄宿制学校建设上"既要顾头，又要顾尾"，突出支持重点，加强薄弱学校配套建设，统筹设立专项经费，保证农村寄宿制学校各种专项资金如数到位。杨润勇认为，农村中小学寄宿制学校办学的特殊性必须引起高度重视，从国家层面出发，完善寄宿制相关政策体系，扩大寄宿制学校的支持规模和建设范围，加大对农村寄宿制学校的经费支持和管理力度，建立农村寄宿制学校建设专项资金的长效投入机制，对农村寄宿制学校建设的各项资金做到全面落实。同时，针对农村地区的特殊情况，政府应出台相关的教育优惠政策，发动社会力量，多种渠道筹集食堂、宿舍等建设资金，解决农村寄宿制学校建设的困难。

范先佐、郭清扬认为，应适当放宽农村寄宿制学校教师的编制，给寄宿制学校配备专门的生活教师和适当数量的后勤人员，学校组织人员对他们进行专门的训练，提高生活教师和其他相关后勤人员的素质。有研究者认为，加强农村寄宿制学校建设必须合理规划，优化学校布局，农村寄宿制学校建设必须制定统一的标准，后勤人员的配备必须得到保障，以确保农村寄宿制学校朝着全面、有序的方面发展。

盛鸿森通过对小学生身心发展的特点与规律的掌握，认为在学生心理健康及课余生活方面应做到：（1）开设生活技能课，培养学生在寄宿制学校中的日常生活自理能力，以培养学生正确、良好的卫生习惯。（2）开展以寝室为主的系列教育活动，增加学生之间的相互了解，增强宿舍和班级的凝聚力，增进学生之间的友谊，让学生有一个温馨、舒适的生活、学习环境。（3）进行一系列展示与竞赛活动。（4）开展"走出校园，了解、关心他人和社会"等实践活动。体验生活，锻炼自己的社交和自主能力，锻炼毅力，培养品格，传播新风尚。

萧登银认为，生活补助应全面覆盖农村寄宿制学校寄宿生，客观准确地测算寄宿生的实际经济负担；建立从中央到学校的资金管理信息直通车，实时监控和核查寄宿生生活补助费的管理和使用情况，尽可能根据不同学生的贫困程度确定不同的补助标准；国家全额承担寄宿生的生活补助费，建立健全管理制度，落实配套资金，改变过去资金"分级负担"所造成的项目功能削弱现象。

三　我国农村寄宿制学校研究存在的主要问题

通过对相关文献的分析可以看出，我国学者已从不同的角度和层面对农村寄宿制学校建设问题进行了研究和探索。但由于时代的不断变化，不同的历史时期农村寄宿制学校的发展要求也不尽相同，总的来说，研究还存在一些不足之处，尚待进一步完善。

（一）研究缺乏深度，多停留在宏观层面

已有研究多停留在文献整理、经验总结的层面上。经验总结也以描述性的话语居多，从学术研究层面讲，缺乏一定的规范性和严谨性。研究的内容大多集中在影响寄宿制学校发展的表面和外部因素上，对寄宿制学校的现状也只是进行了简单的概括性描述和分析，在对策与建议方面，多是从宏观角度呼吁加大资金投入和教师队伍建设等，缺乏对财务问题管理等实际工作情况的探究，对影响寄宿制学校发展的内部因素探讨较少，缺乏对导致这些问题的深层次原因的探析。

在实地调查方面，一些研究缺乏深入的田野研究，缺少深入实际的调查了解，运用问卷调查、深度访谈、现场观察等方法来进行调查研究得较少，从而限制了操作性策略的构建。寄宿制学校在农村有着广阔的发展前景，作为一种重要的学校教育形式，虽然相关研究关注到了其发展所遇到的难题，分析了问题形成的原因，但多停留在宏观层面，提出的很多建议和办法都不具有实际可操作性，其实践探索和理论研究都要进一步加强。

（二）研究方法单一，忽视多学科视角的研究

虽然有许多研究者对农村寄宿制学校展开了相关研究，但由于研

究者认识问题的角度不同，每个学者研究的侧重领域不同，已有研究成果的单一导致对农村寄宿制学校无法作出全局性、系统性的分析，导致研究缺乏对于农村地区寄宿制学校全景式的反映。一方面，在研究方法上，多采用文献法和经验总结法，一些实证性研究也主要采用问卷调查法，缺乏质性研究所展现出来的现实感。这种研究方法的单一导致学者们的研究很少涉及学校运行背后所产生的一系列日益凸显的问题。

另一方面，由于农村寄宿制学校本身所具有的特殊性，这就导致寄宿制学校在现实建设中有着十分复杂的动因，很多非经济因素是决定寄宿制学校建设的重要变量，仅从单向维度来解释，研究具有极大的局限性。已有研究大多是从经济学或教育学等单一视角出发的，在研究过程中缺乏全面、多角度、多视野的观照，导致研究的实效性和本土适切性较差。

（三）量化标准模糊，没有相应的检测评估体系

已有研究对寄宿制学校建设标准、发展前景、设施缺口及建设需求等方面还缺少全面深入的分析，寄宿制学校建设没有具体量化的标准，没有一套全面的测算方法。农村寄宿制学校正处于发展的时期，其建设和发展迫切要求制定农村寄宿制学校建设标准。有了标准，就可以较为清楚地判断农村寄宿制学校是否达标，还有哪些需要完善之处。

随着农村寄宿制学校问题的日益加重，为了合理地规划农村寄宿制学校，整合教育资源，有必要对影响农村寄宿制学校建设的因素进行全面分析、筛选、整理，建立一套完善的切实可行的指标体系。已有研究由于深度不够，关于相关的质量指标及监管体系的研究很难看到，这导致对农村寄宿制学校建设难以形成有效的理论指导。

第二节　农村寄宿制学校质量指标体系构建

一　农村寄宿制学校建设情况

从 2000 年左右开始，我国中西部农村地区开始了新一轮的农村学校布局调整工作，在"政府主导，自上而下"的政策推动之下，农村

学校布局调整从起始的小范围探索性尝试，逐渐走上了以撤点并校为基础，以创办寄宿制中小学为突破，坚持"高中、初中阶段学校向县城集中，小学向中心乡镇集中，学前教育向中心村集中，新增教育资源向城镇集中"的规模办学路子。随着农村学校布局调整工作的展开，很多地区出现了农村学校迅速向城镇积聚、集中办学的趋势，原先村落中的学校迅速消失，基本实现"一个乡镇建设一到两所中心寄宿制小学，寄宿制中学全部进入县城"的目标。在这一过程中，我国农村寄宿制学校和寄宿制学生大量增加。2010 年，全国农村寄宿制小学、初中生分别占在校生总人数的 17.2% 和 60.5%；2011 年，全国农村寄宿制小学、初中生分别占在校生总人数的 19.7% 和 64.2%。同时，西部 12 省区的比例明显高于全国。调查数据显示：寄宿制学校已成为农村学校主体。

由于前期在学校调整布局过程中，不顾当地的实际情况，简单地追求学校撤并的数量和速度，导致农村校点撤并速度过快，多地寄宿制中心学校基本的食宿和卫生健康设施无法跟进，同时，学生的安全和寄宿制学校的教学质量难以得到保证。有大量的国内调查研究指向农村寄宿制学校建设发展中所遇到的问题：（1）低龄寄宿；（2）生活设施不足；（3）学生食宿和卫生健康问题；（4）对学业成就的影响；（5）校园安全和上下学安全。在农村学校布局调整政策遇到了诸多问题之后，2012 年，国家出台了《国务院办公厅关于规范农村义务教育学校布局调整的意见》，提出"坚决制止盲目撤并农村义务教育学校"，"在完成农村义务教育学校布局专项规划备案之前，暂停农村义务教育学校撤并"，紧急叫停了这一政策。同时，为解决学校撤并所带来的突出问题，提出"加强农村寄宿制学校建设和管理。学校撤并后学生需要寄宿的地方，要按照国家或省级标准加强农村寄宿制学校建设，为寄宿制学校配备教室、学生宿舍、食堂、饮用水设备、厕所、澡堂等设施和聘用必要的管理、服务、保安人员，寒冷地区要配备安全的取暖设施。有条件的地方应为学校配备心理健康教师。要科学管理学生作息时间，培养学生良好生活习惯，开展符合学生身心特点、有益于健康成长的校园活动，加强寄宿制学校安全管理和教育"。因此，有必要构建符合农村地区办学实际的寄宿制学校质量指标评价体系，对农村地区寄宿制学校发展建设水平进行综合评价，获得农村寄宿制学校发展的真实水平，诊断薄弱环节以便有针对性地提出改进参考依据。

不管是现在还是未来，农村寄宿制学校必将是西北地区学校发展的主要模式，对于一些已有的经验要进一步总结。同时，国家大力发展农村地区寄宿制学校的政策，使得一些地区的寄宿制学校发展遇到了困惑并产生了一些问题，对这些新问题需要作进一步的研究，只有这样，方能保证寄宿制学校这一办学模式的质量发展。

目前，针对农村寄宿制学校质量指标体系的相关研究较少，已建立的指标或不符合农村地区的实际或不够全面、侧重于某一类指标，本书尝试构建较为全面且符合农村地区办学实际的寄宿制学校质量指标评价体系，以便更好地促进农村寄宿制学校建设的发展。

二　基于层次分析法构建农村寄宿制学校质量指标体系

层次分析法是美国运筹学家 T. L. Saaty 于 20 世纪 70 年代提出的一种系统分析方法，它是一种定性和定量相结合的多目标决策分析技术，通过整理和综合专家们的经验判断，将分散的咨询意见模型化、集中化和数量化，其基本原理是将要识别的复杂问题分解成若干层次，由专家和决策者对所列指标通过两两比较重要程度而逐层进行判断评分，利用计算判断矩阵的特征向量确定下层指标对上层指标的贡献程度，从而得到各指标对总目标而言重要性的排列结果。[1] 层次分析法是所有确定指标权重的方法中比较科学合理、简便易行的一种方法，它能有效地处理难以完全用定量方法分析的复杂问题。科学合理地构建西北农村地区寄宿制学校质量指标体系，在一定程度上能为推进西北农村地区教育的良性发展、实现教育监督和调控、促进城乡义务教育均衡发展提供一个基础性的价值参考。[2]

---

① T. L. Saaty, *Fundamentals of Decision Making and Priority Theory with the Analytic Hierarchy Process*, Pittsburgh, Pa: RWS Publications, 1994, pp. 56-58.

② 翟博：《教育均衡发展：理论、指标及测算方法》，《教育研究》2006 年第 3 期。

（一）指标体系的构建原则

农村地区寄宿制学校质量指标体系涵盖了学校的布局、住宿条件、教育教学设施设备、师资、管理、经费投入等一系列复杂的要素，是一个复杂的系统。在指标体系构建的过程中必须系统地考虑各个要素以及各个要素之间的关系，综合各个要素在系统中整合形成一个有机的整体。因此，要确保西北农村地区寄宿制学校质量指标体系的合理性，就必须有科学合理的理论依据，对西北农村地区寄宿制学校的特殊性有精准的把握。为了使质量指标体系的评价结果更加科学和有效，充分发挥质量指标体系的描述、比较、监测功能，在质量指标体系的构建过程中，我们必须遵循以下原则。

1. 科学性原则

科学性原则作为教育评价的基本准则之一，是我们在进行任何科研活动时都必须遵循的实践规约。① 科学性原则主要体现在理论和实践相结合上，在指标体系的选取过程中，要因地制宜，一切从实际出发，采用科学的方法和手段，严格挑选那些主要的、具有代表性的、关键的、核心的指标，使质量指标体系能够在基本概念和逻辑结构上严谨、合理，并具有针对性。要充分把握构建西北农村地区寄宿制学校质量指标体系的实质，明确所建立的指标体系是要衡量西北农村地区寄宿制学校的质量，这样构建的指标体系才具有理论性和代表性。

2. 全面性原则

全面性原则就是指该质量指标体系能够基于教育公平的理论内涵，从整体出发，注重多因素的综合性分析，能够多层次、全方位地从整体上反映寄宿制学校的优势、发展现状及存在的问题，能够全面地表现西北农村地区寄宿制学校的各个方面，使其成为一个系统的、整体的范畴，有利于我们更细致、准确地认识西北农村地区寄宿制学校的状况，建立和检验质量指标体系。

---

① 蒋国华主编：《科研评价与指标》，红旗出版社 2000 年版，第 167 页。

3. 实用性原则

实用性原则指的是指标的实用性、可行性和可操作性。[①] 考虑到评价的复杂性，在指标要素的选取过程中，首先，我们应选择易于量化、计算简单、可靠性强、相对来说能真实反映实际具体情况的指标；其次，应在指标要素的可测性方面做出充分考虑，要考虑指标数据能否定量或定性地获取，是否能够进行定量处理、数学计算和分析；同时，要尽量做到使指标体系精炼、有层次性、简单明了、微观性强。

（二）构建寄宿制学校质量指标体系的层次模型

构建西北农村寄宿制学校质量指标体系，在相关指标的选取上必须依据我们在实地调研中所遇到的问题展开。本书从所调研的寄宿制学校的现状出发，对寄宿制学校的分布特征、建设基本情况、存在问题和现状指标进行分析，讨论国家制定的各种指导意见及相关政策所涉及的所有有关农村寄宿制学校的指标体系，设计适用于西北农村地区寄宿制学校的质量指标体系。在以上指标设计的原则指导下，以教育公平和义务教育均衡发展理论为基点，我们从农村寄宿制学校的经费投入、设施和设备、师资、教育领导等方面确定衡量与规范西北农村寄宿制学校质量指标体系。

根据历年来专家学者对寄宿制学校发展影响要素的研究以及通过实地调研，对各指标进行聚类分析，构建一个递阶层次结构模型，处于最上层的是目标决策层，通常只有一个要素，中间层是准则层，最下层是指标层。我们把西北农村地区寄宿制学校质量指标体系分为四层：目标决策层为西北农村地区寄宿制学校质量（A），只有一个要素；中间层要素设定八个指标：经费投入（B1）、办学条件（B2）、师资队伍（B3）、学生发展（B4）、制度管理（B5）、教育领导（B6）、学校内外部关系（B7）、上下学和家庭困难（B8）。然后由这八个指标分出 35 个一级指标，每项指标下又包含不等的二级子指标，最后由 107 个二级子指标构成了指标层。由于篇幅所限，本书只给出

① 吴彤：《基础研究评价与国家目标》，《科学学研究》2002 年第 4 期。

三级层次结构模型（如下图）。

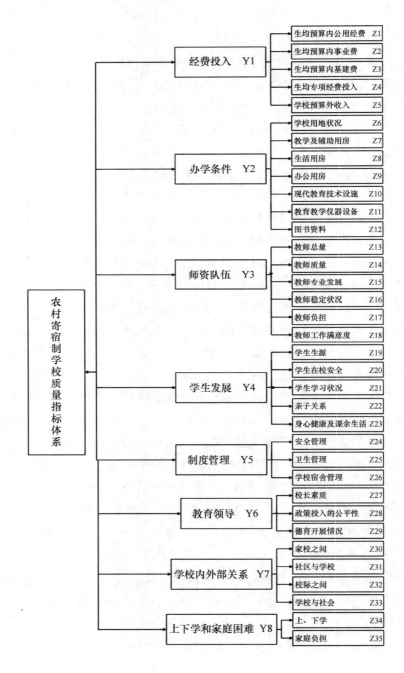

（三）构建判断矩阵

本书使用专家咨询问卷并结合已经建立的指标体系模型，对一、二级各项指标进行两两比较并按其重要性来构建判断矩阵，以便计算出它们的权重。常用的方法是依据 Saaty 相对重要性等级表，[①] 用 1—9 标度方法，分别对指标进行两两比较，对其重要性进行判断打分，直接得到权重判断矩阵。

表 1　　　　　　　　　　　Saaty 相对重要性等级量表

1—9 标度	说明（两指标比较）
1	两个指标同样重要
3	一个指标比另一个指标稍微重要
5	一个指标比另一个指标明显重要
7	一个指标比另一个指标强烈重要
9	一个指标比另一个指标极端重要
2，4，6，8	上述相邻判断的中间值，重要程度介于 1，3，5，7，9 之间
倒数比数	指标 i 与指标 j 的重要性之比为 a，则指标 j 与指标 i 的重要性之比为 $\dfrac{1}{a}$

表 2　　　　　　　对一、二级指标进行两两比较得到的判断矩阵

1	1	3	1/5	1/5	1/5	1
1	5	1/5	1/5	1/5	1	5
1/5	1/5	1/5	1	1/5	1/5	1/5
1	1	1	4	1	5	5

---

① T. L. Saaty, *Fundamentals of Decision Making and Priority Theory with the Analytic Hierarchy Process*, Pittsburgh, Pa：RWS Publications，1994.

（四）做一致性检验并计算权重

在应用层次分析法时，务必保证判断思维的一致性，这一点是非常重要的。根据表 2 构造判断矩阵，显然满足判断公式的前三个公式，如果判断矩阵满足第三个公式，则称该判断矩阵为具有完全一致性主判断矩阵。但由于客观事物的复杂性，人们在分析时对客观事物的认识具有片面性，所以判断矩阵不可能表现出完全一致，甚至会有不一致性（在数量上就是不满足第三个公式）。不一致的矩阵被认为是专家所填写的等级差异出现了矛盾，不能作为评判指标，所以在确定 a, i, j 时要防止出现矛盾现象。

在应用层次分析法时，由于判断矩阵不能保证完全的一致性，相应的判断矩阵的特征根也随之发生变化。当判断矩阵完全一致时，其最大特征根 $\lambda_{max} = n$，且除 $\lambda_{max} = n$ 外其余特征根均为零。在判断矩阵不一致时，就要对其进行一致性检验，在层次分析法中引入判断矩阵的一致性指标来检查判断思维的一致性，一致性指标可记作 CI（Consistency Index），即 $CI = \dfrac{\lambda_{max} - 1}{n - 1}$

CI 值越大，表明判断矩阵偏离完全一致性的程度越大；CI 值越小，就表明判断矩阵越接近于完全一致性，一般认为，$CI < 0.1$，为判断矩阵具有一致性。对于多阶判断矩阵，还需引入判断矩阵的平均随机一致性指标，可记作 RI（Random Index）。当 $n \leqslant 2$ 时，判断矩阵永远具有完全一致性。判断矩阵的一致性指标 CI 与同阶平均随机一致性指标 RI 之比被称为随机一致性比率，记作 CR（Consistency Ratio），即 $CR = \dfrac{CI}{RI}$，CR 与 CI 意义类同，一般认为，$CR < 0.1$，为判断矩阵具有一致性。

根据判断矩阵衡量其一致性，其 CR 值小于 0.1，说明判断矩阵具有较好的一致性。利用 MATLAB 软件计算矩阵特征向量并经过归一化得到第二级指标的权重：

Y_1	Y_2	Y_3	Y_4	Y_5	Y_6	Y_7	Y_8
0.1744	0.1410	0.1441	0.2589	0.0435	0.0473	0.0437	0.1470

同理可得第三级指标的权重：

Z_1	Z_2	Z_3	Z_4	Z_5	Z_6	Z_7	Z_8	Z_9	Z_{10}
0.0669	0.0300	0.0324	0.0318	0.0131	0.0153	0.0236	0.0303	0.0184	0.0183
Z_{11}	Z_{12}	Z_{13}	Z_{14}	Z_{15}	Z_{16}	Z_{17}	Z_{18}	Z_{19}	Z_{20}
0.0183	0.0189	0.0093	0.0301	0.0216	0.0224	0.0293	0.0285	0.0326	0.0143
Z_{21}	Z_{22}	Z_{23}	Z_{24}	Z_{25}	Z_{26}	Z_{27}	Z_{28}	Z_{29}	Z_{30}
0.0324	0.0852	0.0766	0.0168	0.0136	0.0131	0.0227	0.0122	0.0124	0.0149
Z_{31}	Z_{32}	Z_{33}	Z_{34}	Z_{35}					
0.0096	0.0110	0.0082	0.0598	0.0872					

（五）质量评价指标值的确定及综合评分值的计算

综合指数法指标得分是根据各个指标（三级指标）评价的权重与其对应的数据分值相乘最后得到的分值，其计算公式是：

$$I_{ijk} = W_{ijk} \times Q_{ijk}$$

（i = 1，2，3，…，8；j = 1，2，3，…，m；k = 1，2，…，n）

W_{ijk} 为专家对三级指标层次总排序的组合权重，Q_{ijk} 为各个三级指标的实际标准处理分值，我们可以得到，第 i 个一级指标下第 j 个二级指标下的第 k 个三级指标的最终得分为 $I_{ijk} = W_{ijk} \times Q_{ijk}$。由此则可以得到各个一、二级指标及总体的综合指数分值：

一级指标：$I_i = \sum_{j=1}^{m} \sum_{k=1}^{n} I_{ijk}$

二级指标：$I_{ij} = \sum_{k=1}^{n} I_{ijk}$

总体得分：$I = \sum_{i=1}^{8} \sum_{j=1}^{m} \sum_{k=1}^{n} I_{ijk}$

在以上公式中，m，n 是根据层次结构模型确定的个数。影响寄宿制学校质量评价的指标，有的属于高优指标（即指标越高成本越低），有的属于低优指标（即指标越低成本越低），因此我们在做寄宿制学校质量评价的时候应将部分指标的属性分为高优与低优，然后再将这些指标做趋势化处理，即高优指标转化为低优指标或低优指标转化为高优指标，达到统一标准。本书将部分低优指标转化为高优指标。

在对寄宿制学校质量进行综合评价之前，由于实际数据（设定实际分值为 S_{ijk}）分值有单位之差，因此，我们必须对数据进行标准化处理。又由于指标性质有高优和低优之分，我们先将标准化后的数据进行低优转化，将基本变化为高优，最终确定 Q_{ijk}，对 2013 年与 2014 年数据进行标准化处理的公式为：

$$H_{ijk}^{2013} = \frac{2S_{ijk}^{2013}}{S_{ijk}^{2013} + S_{ijk}^{2014}}$$

$$H_{ijk}^{2014} = \frac{2S_{ijk}^{2014}}{S_{ijk}^{2013} + S_{ijk}^{2014}}$$

将低优转换为高优的公式是：

$$M_{ijk}^{2013} = \frac{1}{H_{ijk}^{2013}}$$

$$M_{ijk}^{2014} = \frac{1}{H_{ijk}^{2014}}$$

H_{ijk} 本身为高优指标，在标准化后就不需要转化了，Q_{ijk} 为标准化后，由低优转化为高优的数据，也即 Q_{ijk} 越高越好。以上我们通过处理得到了各个三级指标最终的分值 Q_{ijk}，根据上述公式，我们可以分别计算出目标寄宿制学校近几年来各级指标以及总体的综合指数分值，以综合评估目标寄宿制学校的质量。

三 结语与展望

本书在对西北农村多地寄宿制学校进行田野调查的基础上，运用 AHP 层次分析法，初步构建了一套比较科学且易于操作的西北农村地区寄宿制学校质量指标体系。通过将农村地区寄宿制学校的质量评价目标具体化，然后逐层分解，将抽象目标分解为多项可以监测的指标，最终建立了包含8个一级指标、35个二级指标和107个三级指标的西北农村地区寄宿制学校质量指标体系。同时融入了专家组的实践经验和合理建议，所构建的西北农村地区寄宿制学校质量指标体系基本上能全面反映西北农村地区寄宿制学校发展的特点和实际情况，有一定的科学性和适用性。

通过构建质量指标从多个维度综合评价农村寄宿制学校的发展情况，有利于我们从不同维度找出不同问题所产生的不同原因，帮助我们根据不同问题有针对性地采取改进措施，优化农村寄宿制学校的发展。通过这种方法，学校自身也能寻找薄弱环节，采取措施，加以改进，达到自我控制和自我调节的目的。寄宿制学校通过实施质量指标体系监测之后，可以有针对性地寻找农村寄宿制学校发展中所存在的不足，使该农村寄宿制学校得到真实有效的监控。但是，寄宿制学校的质量并不是完全能够用定量指标来衡量的，西北农村寄宿制学校涉及面广，单纯以定量或定性的评价指标来进行评价，结果是不全面的。所以构建指标体系应该坚持定量与定性相结合的原则，这样才能更为科学、有效地推动西北农村寄宿制学校的均衡发展。

同时，由于数据的缺乏，对西北农村地区寄宿制学校质量进行全面实测还存在许多困难，本书所设计的质量指标体系和监测指数的科学性还有待于更进一步的研究和探讨，但该领域的研究价值不容置疑。从总体目标来看，西北农村地区寄宿制学校的发展任务仍然艰巨。因此，迫切需要完善地区政府及国家的教育数据开发系统和相关机制；建立健全我国教育的基础数据库，以弥补统计报表上的局限性和不足；需要进一步更加深入地研究农村寄宿制学校通用的关键指标，研究如何对农村寄宿制学校发展的定性指标提出合理的质的规定。定期发布西北农村地区寄宿制学校监测研究报告，以利于为政府制定教育规划和决策提供科学的依据，为下一步制定寄宿制学校发展决策打下一定的基础，为提高西北农村地区寄宿制学校发展的质量提供新的思考。

第三节　田野工作的两个案例

案例一："巨型寄宿制学校"问题研究——基于甘肃省 S 县的调查与分析

　　随着农村学龄人口的不断减少和城镇化水平的不断提高，学校布局分散、规模小、质量低的矛盾日益突出。在中西部农村的很多地区，地方教育行政部门提出了"一乡一中心，中学进县城"的教育发展规划，通过农村学校布局调整，采取把小学集中到乡（镇）中心校（多为寄宿制小学），把中学全部集中到城区，建设"巨型寄宿制学校"的做法，扩大学校规模，提高教育资源利用率，从而降低学校的管理运行成本，提高办学效益。地方教育行政部门意图通过此举实现农村教育的"跨越式"发展。

　　依循这一思路，2008 年 9 月，甘肃省 S 县筹资 1.3 个亿，在县城郊区选址，新建 S 县清泉初级中学。2011 年 9 月，将全县所有的农村初级中学全部合并到了县城，建成"大规模寄宿制学校"。笔者在 2012 年 12 月对清泉初级中学进行调查发现，"大规模寄宿制学校"运行中存在着以下几个方面的问题。

巨型学校运行成本高

　　清泉初级中学现有学生 2500 人，按照目前生均公用经费初中生 600 元/年的划拨方式，该校每年的公用经费总额为 150 万元。因为学校设计理念先进，采用的取暖装置为地下水放热方式，仅供热一项花费每天约 6000 元即 18 万元/月。当地无霜期短，每年供暖时间约为 6 个月，该校在供暖一项上花费为 110 万元/年，师生热水供应烧煤 10 万元/年，学校聘用勤杂工人的工资为 9 万元/年，教师培训费用为 6 万—8 万元/年，结余办公经费不足 20 万元，学校基本无力购置新的教学辅助器材和图书。分散办学时期学校所面临的经费紧张问题，在学校合并之后依然没有得到解决。

学生上学难、回家难

　　因为清泉初级中学是由全县农村初中合并而成的，所以学生家庭住址均在县城以外的农村，每个周末放假，全校 2500 名学生都要坐车回家，困难就非常大。如果要解决全校所有学生回家的问题，就需要有 80 辆公交车同时运行，但是目前该县仅有 30 余辆运输车，且有一部分车辆的线路不经过农村，加上在县城高中上学的农村学生，学生每周回家和返校十分困难，后来学校只好实行不同年级分开放假的办法，但是学生上学难、回家难的问题依然非常突出。同时，学生寄宿费、交通费用加重了家长的经济负担，增加了学生显性辍学的风险。调查发现，很多地方学生的家长都不同意撤并分散的农村走读学校，而建成大规模的寄宿制学校，表示在集中住宿以后家长和学生都不方便了。

学校管理难度大，安全隐患增加

农村学校布局调整的本意在于通过扩大学校规模，将分散的优质教育资源整合起来，以此提高农村学校的教育质量。但是大规模寄宿制学校的出现，给学校的安全管理带来了很大的压力，学校安全管理隐患增加，寄宿生的住宿安全、饮食安全、卫生健康、学习活动、课余生活管理都需要学校加以通盘考虑。由于农村寄宿制学校尚不规范，缺乏必要的质量标准，教育部门和学校并没有对学生住宿标准做出必要的规定，对学生的安全、卫生、医疗等方面缺乏必要的管理。在调查中，学校管理者无一例外地都对学校的安全管理表示担忧，感觉压力很大。同时发现，寄宿制学校的主要精力放在了学校教学设施的建设上，而在管理制度方面的建设则非常欠缺。许多学校没有相应的住宿安全管理、食堂安全管理、学生卫生健康标准、课余生活管理和突发事件的处理预案等方面的制度保障，同时学校缺乏配备保安、生活教师和保健医生等必要的学生生活保障人员和澡堂、冲水厕所等必要的生活设施。

学生心理健康问题不容忽视

父母一直被认为是儿童社会生活中的重要他人，大量研究表明，拥有高质量的亲子关系的儿童通常表现出比较高的社会技能和较少的问题行为。亲子关系是造成儿童发展问题和心理病理问题的最有影响力的因素。正常的亲子关系对于儿童形成对社会的基本安全感和信任感是很有帮助的。这个时期的孩子特别需要和渴望与父母生活在一起。如果这一时期与父母没有建立起良好的亲子关系，很多孩子会变得情感淡漠、自我封闭、缺乏自信心和安全感。寄宿制学校的学生与父母在一起的时间非常有限，因为寄宿制学校一般离学生家庭所在地都有很远的一段距离，所以很多家长都是几个星期去看望一次孩子，外出务工的更是半年或一年才会见一次孩子。这些孩子缺乏与父母的正常情感交流和亲子互动，孩子没有机会向父母表达自己的感受，父母也没有机会表达自己对子女的爱。在调查中，很多校长都说寄宿制学校就是一个大的留守儿童之家，父母外出打工了，家庭对孩子所有的教育管理责任都交给学校了，学校不堪重负，学生亲情缺失所造成的心理健康问题不容忽视。

经费投入应向寄宿制学校倾斜

针对农村寄宿制学校所存在的公用经费紧张状况，中央和地方各级财政应进一步加大公用经费和配套资金的投入，并重点向农村寄宿制学校倾斜。积极发展农村寄宿制学校不仅要强化各级政府的责任，前期应大力投入建设标准化寄宿制学校（寄宿制绝不仅仅是住在学校），而且在建成之后要增加教育经费投入，积极实施农村寄宿制学校的改造提升计划，逐步提高教育质量，在真正意义上实现农村教育的跨越式发展。同时，因为寄宿制学校的建立加重了农村学生的负担，伙食费、交通费等的开支超出了当地农民的承受能力。应进一步加大对农村寄宿制学校学生的资助力度，实行伙食、校服、交通补助制度，加快建立农村贫困学生资助体系。

建立寄宿制学校质量指标体系和监测系统

寄宿制学校在硬件设施和学校管理制度方面的建设水平直接关系到寄宿制学校的办学质量。由于前期盲目追求学校撤并的数量和速度，在寄宿制学校的建设和发展过程中，造成部分尤其是农村寄宿制学校学生住宿与保障服务、资源配置之间产生不配套的情况。特别是农村寄宿制小学存在着食宿条件差、后勤配套设施不到位、营养摄入普遍不足等问题，对于农村教育健康的发展产生了不利的影响。基于此，首先要尝试建立适合于不同地区实际情况的农村寄宿制学校质量指标体系，对学校的硬件建设、学校管理制度、各种生活保障设施和人员的配备做出详细规定，在此基础上形成良性建设机制。其次应在管理中积极探索学校主导、家长参与、社会协同的创新模式。因为寄宿制学校问题的复杂性，解决好这一问题有赖于家长的参与和全社会的共同支持，从而形成家庭、学校、社会的教育合力。最后是教育行政部门要加强与政府其他部门的协同，建立对农村寄宿制学校的监测体系，合理配置各级各类教育资源，有效监控和评估农村寄宿制学校的建设质量和水平。

建设寄宿制学校不该是万应灵丹

农村寄宿制学校的建设作为一个复杂的系统工程，涉及家长、政府、教育行政部门几大群体围绕各自不同利益的相互博弈。因此，究竟应该采用农村寄宿制学校建设还是其他什么样的办学形式，需要加强不同群体之间的沟通与协调，而不应仅仅是政府利益的表达。具体而言，应搭建多方参与和利益表达的平台，在相互沟通中明确采用什么样的办学形式，而不是一刀切地建设农村寄宿制学校，将农村寄宿制学校视为解决当前农村教育问题的万应灵丹。各方利益群体应在沟通协调中立足于本地实际发挥自己的聪明才智，多元化地选择办学形式，创造性地解决当前农村教育中所面临的各种问题。

案例二：集中办园，还是分散办园

面对我国农村地区，特别是中西部农村地区学龄人口锐减、学校规模小、办学质量低等一系列问题，国家在 2001 年颁布了《关于基础教育的改革与发展的决定》（简称"《决定》"），《决定》要求各地"因地制宜调整农村义务教育学校布局"。农村学校布局调整工作开始后，受规模化办学思路的影响，多地教育行政部门制定出"高中向县城集中，小学向中心乡镇集中，幼儿园向中心村集中，新增教育资源向县城集中"的发展规划。在学校布局调整的过程中，农村学前教育的办园格局发生了巨大变化，由原先的分散办园迅速转变为集中办园。笔者在中西部多地的调研发现，很多地方政府急于追求规模效应，并未遵循《决定》所要求的"方便学生入学"的前提，而是采取了激进的运动方式，进行大规模地撤点并园。以云南省楚雄州某县为例，在一个乡镇方圆 25 公里的范围内仅有一所幼儿园，其中 40% 的幼儿上学路程在 10 公里以上，最远的儿童的家庭住址距离学校 28 公里，幼儿园寄宿儿童超过 60 人。甘肃河西某地一个涵盖 18 个村委会的乡镇也仅有一所幼儿园，全乡镇的学前儿童都被集中在一所中心寄宿制幼儿园上学。当前农村学前教育办园布局迅速集中，引发了一系列阻碍农村学前教育健康发展的新问题。那么，农村在学前教育发展过程中是否应该仿效中小学迅速集中的做法，建设中心寄宿制幼儿园？笔者认为，教育行政部门应避免受规模化办学思路和农村教育城镇化思维的干扰，片面追求规模效应和高入园率，而应该进一步加大投入力度，科学规划农村学前教育办园布局，处理好集中办园与分散办园的关系。

寄宿幼儿身心健康问题多

很多地方在盲目撤点并园后，由于集中园的服务半径、上学距离和交通状况等多方面的原因，寄宿成为幼儿入园的必然选择。而这种让低龄幼儿早早进入寄宿制幼儿园的做法，则可能会引发诸多影响幼儿身心健康的问题。一方面，他们远离家人到寄宿制幼儿园上学，直接造成幼儿亲子关系的断裂。英国精神病学家鲍尔贝认为，婴幼儿与母亲温暖亲密的、连续不断的关系是心理健康最基本的东西。而这种幼儿身心发展所需要的情感因素的缺失极易使幼儿出现严重的心理危机，造成幼儿心灵的冷漠化和封闭化，不利于幼儿健康人格的养成。笔者在西部某地调研的过程中，有寄宿制幼儿集中园的老师告诉我们，幼儿晚上因为想家把被子都咬破了。另一方面，幼儿免疫力弱、自我保护意识差，被迅速集中起来的寄宿制幼儿园的幼儿数量相对较为庞大，一个老师同时照看多个孩子，难免会有疏漏之处，这无疑对幼儿构成很大的人身安全隐患。

农村集中园管理难度大

从分散园到集中园的迅速转变，不仅使集中园教育资源无法满足幼儿数量迅速增加所带来的需求，普遍出现校舍不足、班额过大及食宿条件差等问题，而且规模过大、人力不足给集中园的管理工作带来巨大难题。学前幼儿尚不具备生活自理能力，衣、食、住、行所有的生活细节都需要他人照顾。但当前农村学前教育教师数量极度匮乏，进一步加大了集中园的管理难度。在不少地区，为方便管理，避免发生安全事故，集中园幼儿教师通常采取统一的封闭式管理方法，当幼儿违反管理规定时，教师就会对他们进行斥责、罚站等方式的教育。在对教师的访谈过程中，许多教师反映管理压力大，管不了也管不好，幼儿园对待孩子简直就像养小猫小狗一样。

农村幼儿上学难、回家难

农村学前教育办园布局过于集中，不仅不利于集中园的管理、幼儿的成长，而且在一定程度上增大了幼儿上学、回家的难度。因幼儿年龄小、上学路程远、路况差等问题，家长不得不亲自接送幼儿上下学。调研发现，在周五和周日下午，部分家长用摩托车或自行车接送幼儿，而更多的家长与邻居合租安全系数极低的三无车辆接送幼儿，这无疑加大了幼儿与家长的安全隐患。此外，因寄宿或租房陪读所产生的附加成本进一步加重了家长的经济负担。在调查访谈中，大部分农村幼儿家长表示，宁愿让孩子在本村上分散办学的小幼儿园，也不愿让他们去中心乡镇上集中园，因为孩子在镇上寄宿给他们带来很多不便。

进一步加大农村学前教育的投入

地方政府盲目撤点并园的最根本原因只有一个，教育经费不足。因而政府企图通过扩大幼儿园规模以降低运行成本，提高办学效益。但实践证明，农村幼儿园的办园布局过于集中并未有效缓解经费压力，集中寄宿制幼儿园的运行成本依然很高，分散办园时期幼儿园面临的经费紧张问题，在合并之后依然没有得到解决。虽然国务院在2011年审议通过《关于加大财政投入支持学前教育发展的通知》后，截至2014年财政部门已累计投入500亿元用以重点支持中西部地区和东部困难地区发展农村学前教育，但面对学前教育需求旺盛的现状，政府对学前教育资源的供给依然显得不足。因此，中央及地方各级政府应进一步加大对农村学前教育经费的投入，优先完善集中园的教育资源配置，在有需要的地区尽可能地分散办园，并适当将教育资源向分散园倾斜。

处理好公办园与民办园的关系

在当前农村地区学前教育的发展过程中，公办园大多处于超负荷运行状态，普遍出现校舍不足、班额过大和设施短缺等资源不足问题。而作为公办园重要补充的民办园却常面临着办学经费短缺、生源不足与师资流失等问题，致使民办园的发展举步维艰。因此，为增加农村学前教育资源的供给总量，在当前政府学前教育资源有限的情况下，在发展公办园的同时，教育部门应给予民办园稳定有效的财政支持与人力援助，为民办园创造有利的发展环境，促进民办园的快速发展。最终建立起以"公办园为主体，民办园为重要补充"的农村学前教育办学格局，从而缓解政府农村学前教育资源供给不足的状况。

处理好集中办园与分散办园的关系

一般来讲，集中办园有利于形成规模效益、优化教育资源配置并促进教育公平，为幼儿提供更优质的受教育机会。分散办园则有利于方便幼儿就近入学，维护亲子关系，减轻家长的经济负担，保障幼儿的入学权利。因此，要保障农村学前儿童获得有利于身心健康的学前教育，就需要合理规划办园布局，处理好集中办园和分散办园的关系。农村学前教育的办学布局，应该是一种基于当地地理特征、经济状况、人口分布及变动趋势等因素的科学布点规划，既要坚持集中办园，又要适当保留分散办园。而不能简单地以经济效益为价值取向，为节约教育成本而将办园布局由"一村一园"或"联村办园"直接调整为大规模的"一乡一园"。

参考文献

［英］安东尼·吉登斯：《社会学》，赵旭东等译，北京大学出版社
　　2003 年版。

［美］戴维·波普诺：《社会学》，李强等译，中国人民大学出版社
　　2007 年版。

［英］拉德克里夫·布朗：《社会人类学方法》，夏建中译，山东人民
　　大学出版社 1988 年版。

［美］卢克·拉斯特：《人类学的邀请》，王媛等译，北京大学出版社
　　2008 年版。

［美］吉尔伯特·罗兹曼：《中国的现代化》，陶骅等译，江苏人民出
　　版社 1988 年版。

汪晖、陈燕谷主编：《文化与公共性》，生活·读书·新知三联书店
　　1999 年版。

［美］艾尔·巴比：《社会研究方法》，邱泽奇译，华夏出版社 2005
　　年版。

［美］约翰·罗尔斯：《正义论》，何怀宏译，中国社会科学出版社
　　1988 年版。

［美］约翰·罗尔斯：《政治自由主义》，万俊人译，译林出版社 2003
　　年版。

［英］安东尼·吉登斯：《现代性与自我认同》，赵旭东等译，生活·
　　读书·新知三联书店 1998 年版。

［美］华勒斯坦等：《学科·知识·权力》，刘健芝等编译，生活·读
　　书·新知三联书店 1999 年版。

［德］卡尔·雅斯贝尔斯：《时代的精神状况》，王德峰译，上海译文出版社 1997 年版。

［美］斯蒂文·贝斯特、道格拉斯·凯尔纳：《后现代理论——批判性的质疑》，张志斌译，中央编译出版社 1999 年版。

［英］保尔·汤普逊：《过去的声音：口述史》，覃方明等译，辽宁教育出版社 2000 年版。

［美］罗纳德·德沃金：《至上的美德：平等的理论与实际》，冯克利译，江苏人民出版社 1988 年版。

［英］马凌诺斯基：《文化论》，费孝通译，华夏出版社 2002 年版。

吕达、周满生：《当代外国教育改革著名文献·德国、法国卷》，人民教育出版社 2004 年版。

［英］密尔顿·弗里德曼等：《自由选择》，胡骑等译，商务印书馆 1999 年版。

［美］阿瑟·奥肯：《平等与效率》，王奔洲译，华夏出版社 1999 年版。

［美］D. C. 诺斯：《制度、制度变迁与经济绩效》，刘守英译，上海三联书店 1994 年版。

［瑞典］胡森：《平等——学校和社会政策的目标》，张人杰：《国外教育社会学基本文选》，华东师范大学出版社 1989 年版。

迈克尔·豪利特：《公共政策研究》，庞诗等译，生活·读书·新知三联书店 2006 年版。

［英］拉尔夫·达仁多夫：《现代社会冲突——自由政治随感》，林荣远译，中国社会科学出版社 2000 年版。

［美］约翰·罗尔斯：《作为公平的正义——正义新论》，姚大志译，上海三联书店 2002 年版。

［美］诺曼·K. 邓金：《解释性交往行动主义：个人经历的叙事、倾听与理解》，周勇译，重庆大学出版社 2004 年版。

［美］萨缪尔森等：《经济学》，中国发展出版社 1992 年版。

［美］威廉、邓恩：《公共政策分析导论》，谢明译，中国人民大学出版社 2002 年版。

［美］卡尔·帕顿、大卫·沙维奇：《公共政策分析和规划的初步方法》，孙兰芝译，华夏出版社 2002 年版。

［英］科斯等：《财产权利与制度变迁》，上海三联书店 1994 年版。

［德］马克斯·范梅南：《生活体验研究——人文科学视野中的教育学》，宋广文译，教育科学出版社 2003 年版。

［美］弗朗西斯·C. 福勒：《教育政策学导论》，许庆豫译，江苏人民出版社 2007 年版。

［美］查尔斯·林德布罗姆：《决策过程》，竺乾威译，上海译文出版社 1988 年版。

曹锦清：《黄河边的中国——一个学者对乡村社会的观察与思考》，上海文艺出版社 2004 年版。

陈春声：《乡村文化传统与礼仪重建》，黄平主编：《乡土中国与文化自觉》，生活·读书·新知三联书店 2007 年版。

陈庆云、戈世平等主编：《现代公共政策概论》，经济科学出版社 2004 年版。

陈向明：《质的研究方法与社会科学研究》，教育科学出版社 2000 年版。

陈振民：《公共政策学——政策分析的理论、方法和技术》，中国人民大学出版社 2004 年版。

褚宏启：《教育现代化的路径》，教育科学出版社 2000 年版。

慈继伟：《正义的两面》，生活·读书·新知三联书店 2001 年版。

费孝通：《江村经济》，江苏人民出版社 1986 年版。

费孝通：《乡土中国生育制度》，北京大学出版社 2003 年版。

盖浙生：《教育经济与计划》，台北五南图书出版公司 1993 年版。

韩克茵等：《希望之光——关于甘南藏族教育的探索与思考》，甘肃民族出版社 1991 年版。

何盛明：《中国财政改革 20 年》，中州古籍出版社 1998 年版。

贺雪峰：《新乡土中国》，广西师范大学出版社 2003 年版。

胡德海：《教育学原理》，甘肃人民出版社 1998 年版。

胡乐庭：《乡镇财政管理与农村税收》，经济科学出版社 2002 年版。

黄昆辉：《教育行政学》，台湾东华书局 1988 年版。

金一鸣主编：《中国特色社会主义研究》，山东教育出版社 1998
    年版。

靳希斌：《从滞后到超前——20 世纪人力资本学说教育经济学》，山
    东教育出版社 1995 年版。

《旧唐书·地理志》，中州古籍出版社 1996 年版。

李培林：《村落的终结》，商务印书馆 2004 年版。

李书磊：《村落中的"国家"——文化变迁中的乡村学校》，浙江人
    民出版社 1999 年版。

李小敏：《村落知识资源与文化空间——永宁拖支村的田野研究》，丁
    钢主编：《中国教育：研究与评论》（第 5 辑），教育科学出版社
    2003 年版。

厉以宁：《经济学思维伦理问题》，上海三联书店 1995 年版。

林耀华：《义序的宗族研究》，生活·读书·新知三联书店 2000
    年版。

刘复兴：《教育政策的价值分析》，教育科学出版社 2003 年版。

马维娜：《局外生存：相遇在学校场域》，北京师范大学出版社 2003
    年版。

茅于轼：《经济学的智慧》，天津社会科学出版社 2004 年版。

钱俊瑞：《当前教育建设的方针》，瞿葆奎主编：《中国教育改革》，
    人民教育出版社 1991 年版。

山丹县县志编纂委员会（地方志办公室）翻印：《校点道光十五年山
    丹县志·附录补遗》，1993 年。

山丹县县志编纂委员会编：《山丹县志》，甘肃人民出版社 1993
    年版。

尚晓媛：《中国弱势儿童群体保护制度》，社会科学文献出版社 2008
    年版。

沈承刚：《政策学》，北京经济学院出版社 1996 年版。

王善迈：《教育经济学简明教程》，高等教育出版社 2002 年版。

伍启元：《公共政策》，香港商务印书馆 1989 年版。

夏建中：《文化人类学理论学派》，中国人民大学出版社 1997 年版。

许烺光：《宗族、种姓、俱乐部》，华夏出版社 1990 年版。

杨懋春：《一个中国村庄：山东台头》，江苏人民出版社 2001 年版。

叶敬忠、潘璐：《别样童年——中国农村留守儿童》，社会科学文献出版社 2008 年版。

衣俊卿：《文化哲学十五讲》，北京大学出版社 2006 年版。

于建嵘：《岳村政治——转型期中国乡村政治结构的变迁》，商务印书馆 2001 年版。

余源培、荆忠：《寻找新的学苑——经济哲学成为新的学科生长点》，上海社会科学院出版社 2001 年版。

袁振国：《走向政策研究》，袁振国主编：《中国教育政策评论》，教育科学出版社 2003 年版。

赵旭东：《权利与公正——乡土社会的纠纷解决与权威多元》，天津古籍出版社 2003 年版。

郑崇趁：《教育计划与评价》，台北心理出版社有限公司 1995 年版。

郑也夫：《代价论——一个社会学的新视角》，生活·读书·新知三联书店 1995 年版。

中华人民共和国教育部编：《共和国教育 50 年》，北京师范大学出版社 1999 年版。

中央教育科学研究所编：《中华人民共和国教育大事记》，教育科学出版社 1983 年版。

朱钢：《聚焦中国农村财政》，山西经济出版社 2000 年版。

朱小蔓：《教育的问题与挑战——思想的回应》，南京师范大学出版社 2000 年版。

白亮：《关于西北民族地区寄宿制学校办学若干问题的思考》，《当代教育与文化》2009 年第 3 期。

鲍传友、冯小敏：《徘徊在公平与效率之间：中国基础教育管理体制变迁及其价值向度》，《教育科学研究》2008 年第 5 期。

卜文军、熊南凤：《农村贫困地区中小学布局结构调整存在的问题与对策》，《教育与经济》2007 年第 4 期。

曹建英等:《寄宿儿童与一般儿童人格特征的比较研究》,《中外健康文摘》2008 年第 5 期。

昌泽斌:《超前性、合理性、效益性和有序性——关于农村中小学布局调整的实践与思考》,《教育科学》1995 年第 1 期。

陈庆云:《关于"利益政策学"的思考》,《北京行政学院学报》2000年第 1 期。

褚宏启、杨海燕:《教育公平的原则及其政策含义》,《教育研究》2008 年第 1 期。

褚宏启:《关于教育公平的几个基本理论问题》,《中国教育学刊》2006 年第 12 期。

褚宏启:《构建高效公平的中国现代教育体系》,《人民教育》2009 年第 10 期。

褚宏启:《教育公平与教育效率:教育改革与发展的双重目标》,《教育研究》2008 年第 6 期。

丁维莉、陆鸣:《教育的公平和效率是鱼和熊掌吗》,《中国社会科学》2005 年第 6 期。

段成荣等:《21 世纪上半叶我国各级学校适龄人口数量变动趋势分析》,《人口与经济》2000 年第 4 期。

范先佐、郭清扬:《我国农村中小学布局调整的成效、问题及对策》,《教育研究》2009 年第 1 期。

范先佐、曾新:《农村中小学布局调整必须慎重对待处理的若干问题》,《河北师范大学》(教育科学版)2006 年第 1 期。

范先佐:《农村学校布局调整与教育均衡发展》,《教育发展研究》2008 年第 7 期。

范先佐:《农村中小学布局调整的原因、动力及方式选择》,《教育与经济》2006 年第 1 期。

高建进:《让"撤点并校"一路走好》,《光明日报》2004 年 1 月12 日。

葛新斌:《农村义务教育投入体制变迁 30 年:回顾与前瞻》,《华南师范大学学报》(社会科学版)2008 年第 6 期。

谷生华等：《西部农村基础教育重组应一步到位——关于西部农村基础教育寄宿制学校建设的调查与思考》，《教育发展研究》2006 年第 3 期。

郭建如：《国家—社会视角下的农村基础教育发展：教育政治学分析》，《北京大学教育评论》2005 年第 3 期。

郭清扬：《农村学校布局调整与教育资源合理配置》，《教育发展研究》2008 年第 7 期。

郭清扬：《我国农村中小学布局调整的总体评价》，《河北师范大学》（教育科学版）2008 年第 3 期。

郭清扬：《我国农村中小学布局调整问题、原因及对策》，《华中师范大学学报》（人文社会科学版）2008 年第 1 期。

何劲强：《从社会公平视角看中国农村教育》，《教学与管理》，硕士学位论文，华中师范大学，2008 年。

何卓：《对我国农村中小学布局调整的思考》，《教育发展研究》2008 年第 1 期。

洪岩璧、钱民辉：《中国社会分层与教育公平：一个文献综述》，《中国农业大学学报》（社会科学版）2008 年第 12 期。

贾勇宏：《农村学校布局调整过程中的利益冲突与协调》，《教育发展研究》2008 年第 7 期。

江山：《再说正义》，《中国社会科学》2001 年第 4 期。

江文高：《农村中小学布局调整问题研究》，硕士学位论文，江西师范大学，2004 年。

《教育部要求做好农村中小学布局调整工作，切实解决边远山区学生上学远问题》，《中国教育报》2006 年 6 月 13 日。

金东贤、邢淑芬、俞国良：《教师心理健康对学生发展的影响》，《教育研究》2008 年第 1 期。

李文：《贫困地区农村寄宿制小学儿童膳食营养状况评估》，《中国农村经济》2008 年第 3 期。

凌玲、贺祖斌：《教育生态学视野中的区域教育规划》，《教育发展研究》2005 年第 5 期。

刘贤伟：《农村中小学校布局调整的负面影响》，《教育科学研究》2007 年第 8 期。

刘欣：《农村中小学布局调整与寄宿制学校建设》，《教育与经济》2006 年第 1 期。

刘永政：《教育规划学》，《中国电大教育》1992 年第 9 期。

柳海民等：《布局调整：全面提高农村基础教育质量的有效路经》，《东北师范大学学报》（哲学社会科学版）2008 年第 1 期。

卢乃桂、许庆豫：《我国 90 年代教育机会不平等现象分析》，《华东师范大学学报》（教育科学版）2001 年第 4 期。

吕绍清：《中国农村留守儿童问题研究》，《中国妇运》2006 年第 6 期。

罗华孔：《推进农村小学寄宿办学，促进义务教育均衡发展》，《基础教育研究》2008 年第 4 期。

马斌：《渐进理想教育的有效探索——欠发达农村小学寄宿制的实践及其意义》，《教育发展研究》2003 年第 11 期。

马晓强：《关于我国普通高中教育办学规模的几个问题》，《教育与经济》2003 年第 3 期。

马艳云：《班额对基础教育阶段学生的影响》，《教育科学研究》2009 年第 7 期。

庞丽娟、韩小雨：《农村中小学布局调整的思考》，《教育学报》2005 年第 4 期。

庞丽娟：《当前农村中小学布局调整的问题、原因与对策》，《教育发展研究》2006 年第 4 期。

彭冰：《一份对 6 省 14 县 17 所农村初中的调查显示：农村初二学生辍学率超过 40%》，《中国青年报》2004 年 6 月 14 日。

戚业国：《教育规划的方法与技术选择》，《华东师范大学学报》（教育科学版）2009 年第 3 期。

祁型雨：《我国教育政策的决策研究：成就、缺失与发展》，《教育研究与实验》2009 年第 4 期。

任运昌：《西部农村寄宿制学校给农民家长带来了什么——一项质的

研究及其现实主义表达》,《当代教育科学研究》2006 年第 18 期。

盛连喜:《提高农村教育质量的几点思考》,《教育研究》2008 年第 1 期。

石人炳:《国外关于学校布局调整的研究及启示》,《外国教育研究》 2004 年第 12 期。

石人炳:《我国人口变动对教育发展的影响与对策》,《人口研究》 2003 年第 1 期。

司洪昌:《嵌入村庄的学校——仁村教育的历史人类学探究》,博士学 位论文,华东师范大学,2006 年。

宋洲:《农村中小学布局调整之痒》,《时代潮》2004 年第 4 期。

孙家振:《调整学校布局优化资源配置——关于农村义务教育阶段学 校布局调整的实践与思考》,《山东教育科研》1997 年第 1 期。

孙金鑫:《学校合并规模与质量的博弈》,《中小学管理》2005 年第 2 期。

万明钢、白亮:《"规模效益"抑或"公平正义"——农村学校布局 调整中的"巨型中学"现象思考》,论文打印稿。

万明钢、白亮:《教育公平、教育资源整合的路径反思》,《教育理论 与实践》2009 年第 9 期。

万明钢、白亮:《我国"农村学校布局调整"问题研究述评》,《教育 科学研究》2009 年第 6 期。

万明钢:《撤点并校带来的隐忧》,《教育科学研究》2009 年第 3 期。

王北生、王萍:《GNH 视阈中的当代教育功能》,《教育研究》2008 年第 3 期。

王嘉毅、吕晓娟:《教育公平视野中的农村学校布局调整》,《甘肃社 会科学》2007 年第 6 期。

王颖、杨润勇:《新一轮农村中小学布局调整后的负面效应:调查反 思与对策分析》,《教育理论与实践》2008 年第 12 期。

魏宏聚、田宝宏:《教育公平视域下巨型中小学校的现状与困境——来 自中部 Z 市巨型学校的调查分析》,《教育科学》2008 年第 10 期。

温铁军:《分三个层次解决农村留守儿童问题》,《河南教育》2006 年第 5 期。

沃建成：《关于学校布局调整可持续发展问题的思考》，《当代教育理论论坛》2007 年第 9 期。

吴宏超、赵丹：《农村学校合理布局标准探析——基于河南省的调查分析》，《教育发展研究》2008 年第 17 期。

吴宏超：《农村中小学布局调整的困境与出路》，《华中师范大学学报》（人文社会科学版）2007 年第 2 期。

吴霓：《对解决农村留守儿童教育问题的建议》，《河南教育》2006 年第 5 期。

邢剑扬：《走出山区"空壳学校"的无奈选择》，《兰州晨报》2009 年 11 月 30 日。

熊春文：《"文字上移"：20 世纪 90 年代末以来中国乡村教育的新趋向》，《社会学研究》2009 年第 6 期。

徐小平：《贫困山区普通高中规模效益研究——以湖北恩施州某高中为个案》，硕士学位论文，西南大学，2008 年。

徐永生、石选坤：《贫困地区农村小学布局调整的困难及应对策略》，《中国教师》2006 年第 12 期。

许丽英、袁桂林：《教育效率的社会学分析》，《中国教育学刊》2006 年第 5 期。

严鸿和、朱霞桃：《寄宿制学校对农村"留守儿童"教育影响的调查》，《现代中小学教育》2006 年第 1 期。

杨润勇：《"农村中小学生进城就读"现象思考》，《教育发展研究》2009 年第 1 期。

杨兆山等：《加拿大学校布局调整的研究及启示》，《外国教育研究》2007 年第 12 期。

叶敬忠、潘璐：《农村寄宿制小学生的情感世界研究》，《教育科学研究》2007 年第 9 期。

叶敬忠、潘璐：《农村小学寄宿制问题及有关政策分析》，《中国教育学刊》2008 年第 2 期。

叶平：《区域教育发展规划：意义、特点及实现》，《中国地质大学学报》（社会科学版）2005 年第 3 期。

余海波：《合理调整布局，提高办学效益——西南民族地区基础教育
　办学的一条有效途径》，《学术探索》2001 年第 5 期。

余惠冰：《香港教师公会的政策议论》，博士学位论文，香港中文大
　学，2000 年。

余清臣：《现代学校与中国传统文化传承——一种文化生态学的视
　角》，《浙江社会科学》2008 年第 7 期。

袁显荣：《贫困山区学校布局调整的难点与对策》，《贵州教育》2001
　年第 12 期。

占才强等：《"超九免费教育"试水珠三角》，《南方都市报》2007 年
　11 月 1 日（A36 – 37）。

张晓、陈会昌：《母子关系、师生关系与儿童入园第一年的问题行
　为》，《心理学报》2008 年第 4 期。

张新平：《批判反思：教育管理学的当务之急》，《高等教育研究》
　2001 年第 4 期。

郑晓鸿：《教育公平界定》，《教育研究》1998 年第 4 期。

中西部地区农村中小学合理布局结构研究课题组：《我国农村中小学
　布局调整的背景、目的和成效——基于中西部地区 6 省区 38 个县
　市 177 个乡镇的调查与分析》，《华中师范大学学报》（人文社会科
　学版）2008 年第 4 期。

中央教科所课题组：《贫困地区农村寄宿制学校学生课余生活管理研
　究——基于广西壮族自治区都安县、河北省丰宁县的调研》，《教育
　研究》2008 年第 4 期。

周芬芬：《效率与公平：农村中小学布局调整的目标冲突与协调》，
　博士学位论文，华中师范大学，2008 年。

朱佳生、殷革兰：《教育规划几个基本理论的探讨》，《辽宁高等教育
　研究》1999 年第 3 期。

朱敏等：《寄宿制小学卫生和健康状况的调查——四川省通江县正文
　小学个案分析》，《现代中小学教育》2006 年第 11 期。

Douglas Lehman. Bringing the School to the Children：Shortening the Path to EFA, August, 2003. Education Notes. http://www.worldbank.org/education/notes.asp.

Serge Theunynck, 2003. School Construction in Developing Countries: What Do We Know? www. worldbank, org/education/pdf/EFAcase_Construction.

Brown, P. J. B. , and S. S. Ferguson. Schools and Population Change in Liverpool, in W, T. S. Gould, and A. G. Hodgkiss (eds.). The Resources of Mersey Side Liverpool University Press, 1982.

Hanushek, E. A. Can Equity Be Separated from Efficiency in School Finance Debates? In E. P. Hoffman (ed.). *Essays on the Economics of Education*. Michigan: W. E. Upjohn Institute for Employment Research, 1993.

Foldesy, G. & Holman, D. "The Financial Effects of Consolidation." *Journal of Research in Rural Education*, 1991.

Riseborough, George F. "Teachers Careers and Comprehensive School Closure: Policy and Professionalism in Practice." *British Educational Research Journal*, 1994, Vol. 20, Issue 1.

Sara Heshcovitz. "Socio-Spatial Aspects of Changes in Educational Services: Telaviv and Jerusalem, 1970 – 1988." *The Service Industries Journal*, Apr. 1991.

W. T. S. Gould and R. Lawton. *Planning for Population Change*. Croom Helm Ltd. London Press , 1986.

Schneider, B. H. , Atkinson, L. , Tardif, C. "Child-parent Attachment and Children Peer Relations: A Quantitative Review." *Developmental Psychology*, 2001, 37.

Lafreniere, P. J. , Provost, M. A. , Dubeau, D. "From an Insecure Base: Parent-Child Relations and Internalizing Behavior in the Preschool." *Early Development and Parenting*, 1992, 1 (3).